汉尼拔传

张永杰 ◎ 著

时代文艺出版社

图书在版编目（CIP）数据

汉尼拔传 / 张永杰著. —长春：时代文艺出版社，2016.4（2023.7重印）
ISBN 978-7-5387-5122-2

Ⅰ.①汉… Ⅱ.①张… Ⅲ.①汉尼拔（前247~前182）－传记 Ⅳ.①K834.145.2

中国版本图书馆CIP数据核字（2016）第001711号

出 品 人	陈 琛
责任编辑	李贺来
助理编辑	孙英起
装帧设计	孙 利
排版制作	隋淑凤

本书著作权、版式和装帧设计受国际版权公约和中华人民共和国著作权法保护
本书所有文字、图片和示意图等专有使用权为时代文艺出版社所有
未事先获得时代文艺出版社许可
本书的任何部分不得以图表、电子、影印、缩拍、录音和其他任何手段
进行复制和转载，违者必究

汉尼拔传

张永杰 著

出版发行 / 时代文艺出版社
地址 / 长春市福祉大路5788号 龙腾国际大厦A座15层 邮编 / 130118
总编办 / 0431-81629751 发行部 / 0431-81629755
官方微博 / weibo.com / tlapress 天猫旗舰店 / sdwycbsgf.tmall.com
印刷 / 北京市一鑫印务有限公司
开本 / 710mm×1000mm 1 / 16 字数 / 144千字 印张 / 12
版次 / 2016年4月第1版 印次 / 2023年7月第3次印刷 定价 / 36.00元

图书如有印装错误 请寄回印厂调换

目录

序言 迦太基和罗马的对抗 / 001

第一章 成长中的汉尼拔
    1. 童年与布匿之战 / 002
    2. 青年汉尼拔 / 005
    3. 汉尼拔的军队 / 009
    4. 伊比利亚之战 / 013

第二章 萨贡托与阿尔卑斯山
    1. 萨贡托城之战 / 018
    2. 第二次布匿战争爆发 / 021
    3. 罗马军队 / 025
    4. 与老西庇阿不期而遇 / 029
    5. 越过阿尔卑斯山 / 033

第三章 从波河到亚平宁
    1. 再遇老西庇阿 / 038
    2. 提基努斯河 / 041
    3. 诱敌深入 / 045
    4. 特雷比亚河战役 / 049

第四章　打到罗马去

1. 汉尼拔的三大战略 / 054
2. 迂回亚平宁山脉 / 058
3. 特拉西梅诺湖战役 / 061
4. 汉尼拔的战略转折 / 065

第五章　坎尼战役

1. "拖延家"法比乌斯 / 070
2. 第一次格鲁尼翁战役 / 074
3. 第二次格鲁尼翁战役 / 077
4. 冲向坎尼 / 081
5. 坎尼之战 / 084

第六章　法比乌斯和马尔克卢斯

1. 罗马正视危机 / 090
2. 马尔克卢斯 / 093
3. 汉尼拔的新机遇 / 097
4. 两个老对手 / 101
5. 汉尼拔受挫 / 104

第七章　西班牙与意大利

1. 塔兰托之战 / 110
2. 卡普阿失陷 / 113
3. 哈斯德鲁巴尔与汉诺 / 117
4. 锡拉库萨之围 / 120
5. 大西庇阿兄弟 / 124
6. 决战西班牙 / 127

第八章　梅托汝斯河

1. 战争的残酷 / 134
2. 哈斯德鲁巴尔 / 137
3. 汉尼拔调整战略 / 141

4．罗马人入侵非洲 / 145

5．向非洲进军 / 148

第九章 扎马之战

1．乌提卡战役 / 154

2．汉尼拔告别意大利 / 157

3．回到非洲 / 161

4．扎马战役 / 165

5．战争的结局 / 168

6．汉尼拔的最后岁月 / 172

附 录

汉尼拔生平 / 178

汉尼拔年表 / 180

序言

迦太基和罗马的对抗

在人类聚集的社会中，因为个人或者团体的利益而爆发战争是一个摆脱不了的宿命。只要有人的地方就会有战争，虽然人们都渴望和平，但是不得不正视战争。战争的最后结局，只能由胜利的那一方去书写，这是属于人类的残酷的历史，也是无法改变的现实。

正因为我们热爱和平，所以我们回首战争；正因为我们渴望和平，所以我们研究战争；正因为我们维护和平，所以我们阻止战争。只有热爱和平的力量，对战争的起因、经过、结果有十分清醒的认识，才能够阻止战争，或者在战争爆发之后，能最终取得胜利，才能真正维护人类的持久和平和稳定。

从战争的角度来说，总是需要一批有军事才能的人为了某集团的利益进行战斗。而这一批人，在很大程度上决定了战争的未来。在人类的历史中，一生不打败仗的将军几乎没有。而一个将军从一出世直到死，只打过一次败仗的虽然很少，但还是有的，汉尼拔就是一生只打过一次败仗的将军。

汉尼拔是迦太基人。迦太基是北非的一个古国，以农业和海外贸易为主。在与罗马及其盟国的对抗中，汉尼拔以特有的军事才能为迦太基人取得了许多胜利，一次又一次地打败了不可一世的罗马军队，创造了冷兵器时代的战争神话。汉尼拔也因此被后世尊称为攻无不克的战争之神。

北非古国迦太基。

迦太基人是腓尼基人的后代，农业和商业是其主要生存方式。迦太基靠近地中海和大西洋，他们的造船业和航海业十分发达，因此海外贸易为他们带来了巨大的经济利润。经过几百年的发展，迦太基已经是具有独特历史传统和文化的古城了。到了公元前3世纪的时候，迦太基人的城邦已经具有一定的规模。

为了保护自己的民族利益，迦太基人建起了坚固的城墙和防卫工事。迦太基古国的人口一度达到七十多万，这在当时的北非地区是一个不能小看的国家。随着迦太基的逐渐壮大，他们需要更多的生存空间和利益。

迦太基人从他们的祖先腓尼基人那里继承了许多航海和造船的技术经验。迦太基人的船队可以在地中海自由航行，这比同时期其他地中海沿岸国家都强盛。不仅如此，他们还在地中海沿岸建立了许多殖民地。在西地中海地区，包括西西里岛在内的许多岛屿都有迦太基人的殖民地。在迦太基强盛的时期，他们曾经通过"赫尔克里斯石柱"到达大西洋。

所谓的"赫尔克里斯石柱"就是今天的"直布罗陀海峡"。

进入大西洋之后，迦太基人向北、向南都进行了一定距离的航行，并在沿岸建立了一些殖民据点。迦太基人的海上探险活动难免引起土著人的反抗。迦太基人采用灵活的方式插手当地事务，为自己的国家获取了丰厚的利益。

博弈地中海。

当迦太基人的势力向地中海渗透时，希腊、罗马、西西里以及其他城邦也在欧洲和非洲开创各自的沿海殖民地、贸易据点。这些海上强国在争夺一些重要殖民地和据点时不断发生冲突，再加上与当地的土著人频繁发生冲突，因此在地中海和大西洋沿岸战乱此起彼伏。

历史的车轮前进到公元前3世纪中期，这时从大西洋到地中海都有了迦太基人的据点。不管是非洲还是欧洲都成为迦太基人的财富来源。伊比利亚半岛、的黎波里、西西里岛都有迦太基人的据点。随着向外侵略扩张的胜利，迦太基成为一个十分富庶的国度。

在人类历史中，任何一个国家的崛起都不是单独的，迦太基的雄起也不例外。就在迦太基人疯狂向外扩张之时，地中海沿岸的另外一个强国也在一步一步强大起来。亚平宁半岛上的罗马随着国力的不断强大，其势力逐渐遍布整个亚平宁半岛。亚平宁半岛上的大多数城邦，或者直接受罗马人的控制，或者被迫跟罗马结盟。

当迦太基人的势力渗入西西里岛之后，罗马开始坐卧不安。罗马是传统的陆上强国，虽然它在陆地上十分强大，但是海上力量很弱。罗马人担心迦太基人的舰队迟早会进入墨西拿海峡，那时候迦太基对罗马的威胁将会变成实质性的。这是罗马人不愿意看到的结果，却是迦太基人梦寐以求的夙愿。

公元前264年，西西里岛的墨西拿城受到马墨尔提尼人的围困。不久，马墨尔提尼人大量使用雇佣兵，占领了墨西拿城。而当时西西里岛上的城邦锡拉库萨早就有意统治整个西西里岛。锡拉库萨的国王希埃罗二世准备将入侵的马墨尔提尼人全部消灭。

在这种情况之下，马墨尔提尼人同时向罗马和迦太基求救。为了让自己的势力独占西西里岛，迦太基人和罗马人都派了军队。当两国的军队到达城外之后，马墨尔提尼人却只放罗马军队进了城。为了保证自己的利益，迦太基人和锡拉库萨的国王希埃罗二世结盟。

由于罗马人在陆地战中占有绝对的优势，迦太基人和锡拉库萨人的军队很快就被打败。希埃罗二世被迫跟罗马签订停战和约。为了稳住希埃罗二世，不久后罗马又跟他结为同盟，共同排斥迦太基人。从此，迦太基人和罗马人开始了对抗，持续不断的战争，给两国造成了深重的灾难。

在第一次布匿战争期间，汉尼拔的父亲哈米尔卡·巴卡带领着迦太基军队跟罗马人展开了一场旷日持久的血战，到了最后，还是以罗马人的暂时胜利而告一段落。哈米尔卡·巴卡不能接受失败的耻辱，迦太基人也不能接受这个事实。迦太基人意识到，他们需要一个更好的统兵将领，就在这时，汉尼拔·巴卡登上了历史舞台。

第一章 成长中的汉尼拔

1. 童年与布匿之战

公元前247年，汉尼拔出生在迦太基一个不平凡的家族。汉尼拔的父亲哈米尔卡·巴卡是迦太基人的英雄，带着千万勇士出海，为迦太基人的利益而战斗。

刚出生的汉尼拔·巴卡，和其他小孩一样除了吃饭就是睡觉。汉尼拔幼年的生活，一直处在无忧无虑的状态中，直到9岁那一年，才发生了根本变化。

汉尼拔的誓言

公元前264年到公元前241年，在长达23年的时间里，迦太基人和罗马人为了争夺地中海的霸权，一直处于战争状态，最后以罗马人的胜利而结束，历史上称之为第一次布匿战争。汉尼拔的父亲参加了第一次布匿战争，虽然付出了惨痛的代价，但是迦太基人还是失去了西西里岛。

之所以称这次战争为第一次布匿战争，是因为罗马人称迦太基人为"布匿库斯"，而且又是罗马人和迦太基人的第一次大规模冲突。第一次布匿战争的失败，让迦太基人失去了在地中海的前进基地。直接参加这次战争的迦太基军队背负了一个沉重的包袱。

哈米尔卡·巴卡是迦太基的大将军，一个为失败而背负起罪责的人。为了弥补自己的过失，他将对罗马人的深切痛恨与打败罗马人的决心和希望寄托在了汉尼拔·巴卡身上。

汉尼拔·巴卡9岁那年，父亲哈米尔卡·巴卡即将赴伊比利亚作战，临行时将他带到祭坛前，向他灌输自己对罗马人的仇恨。9岁的汉尼拔，还不太明白仇恨是什么，他甚至对罗马人没有一个完整的认识。这些都不重要，重要的是哈米尔卡·巴卡已经将仇恨的种子深深地播种在了汉尼拔的心里。

汉尼拔曾经说过这样一段话。"父亲远征伊比利亚的那一年，我刚好9岁……他将我带到身边，问我是否愿意跟他一起去打仗。我肯定地告诉他我愿意，并以一个男孩子的热情，请求他带我一起去。他把我拉到神坛面前，让我将手放到祭品上对天发誓：我决不与罗马人为友！"

第一次布匿战争

汉尼拔9岁的时候，就跟随着父亲远征伊比利亚半岛，一点一点接受军旅生活的磨炼和熏陶。9岁正是天真无邪的年纪，而汉尼拔却在如此幼小的年龄直面迦太基和罗马人的战争。虽然汉尼拔只有9岁，但是在父亲的教育之下，他很快意识到了战争是怎么一回事。

一个心灵如白纸的孩子，被父亲写进了战争的故事。在血与火的冲杀中，养成了勇往直前的血性。迦太基人和罗马人，在汉尼拔的眼中，只是两群相互撕咬的野兽，面对他们不能有一点儿的仁慈之心，只有胜利者，才能活着走出这个相互屠杀的场所。小小年纪的汉尼拔，就这样将冷酷植入了心中。

汉尼拔跟随父亲出征伊比利亚的时候，已经是第一次布匿战争的末期。看着迦太基人的失败，汉尼拔在内心深处想为扭转战局做出自己的贡献。一个9岁的孩子，毕竟没有多大的力气和智慧，他能做的也只有看，只有听，只有等待战争的结束，等待自己长大的那一天，为迦太基人复仇。

仇恨占据了汉尼拔的心，使他的童年不再纯真。汉尼拔跟随着父亲，接受的教育不同于一般人。汉尼拔经常问父亲："我们迦太基人跟罗马人，谁更勇敢？我们迦太基人，是不是战无不胜的？"这些似乎不应该从一个如此年幼的孩子口中说出。

父亲哈米尔卡·巴卡是一个有作为的大将军，他告诉汉尼拔："你在作战的时候，不要小看任何对手，尤其是在不了解对方实力的情况下。我们迦太基人的优势在水中，而罗马人的优势在陆地上。迦太基人掌握着战争的制海权，可以向地中海任何一个地方输送我们的战士，却不能保证上岸的战士一定能打败罗马人。"

制海权

小小的汉尼拔，在这个年龄，就明白要认清敌我形势，利用自己的优势，来达到打败敌人的目的。虽然9岁的汉尼拔没有参加过西西里岛的战争，但是他明白了为什么迦太基人会被罗马人赶出去。如果迦太基人能有一支陆上劲旅，那么罗马人就会很容易被打败。他那时就有这样的想法，并且在以后将这些想法一一付诸实践。

罗马是一个陆上强国，在陆地战争中占有很大优势。随着国力的强盛，罗马人渐渐控制了整个亚平宁半岛。在西西里岛和迦太基人的冲突之中，由于没有制海权，要想完全占领岛屿是不可能的事情。因此，在经历了第一次布匿战争初期的失利之后，罗马人也着手加强自己的海上力量。

在西西里岛的争夺战中，迦太基人与罗马人互有胜负，谁也没有绝对的优势将对方打败。在与迦太基僵持了两年之后，罗马人建立起了一支足以跟迦太基人抗衡的海上舰队。罗马人清楚地认识到，虽然造船技术以及水上作战的能力还比不上迦太基人，但目前的战局似乎对己方更有利。

迦太基人在第一次布匿战争中的失败，给了哈米尔卡·巴卡很大的压力，因为罗马人已经可以在海上跟迦太基人抗衡，甚至在某些方面已经超过迦太基人。如果迦太基人在以后的几十年间，不能重创罗马人，那么迦太基的未来就会在罗马的掌控之下。而这种优势与劣势的对比，在幼小的汉尼拔看来也是十分明晰的。

汉尼拔在战争年代出生和成长，战争给了他激情和许多思考。他将战争看作生命的一部分，在仇恨的激发之下，汉尼拔逐渐成长为迦太基斗士。

2. 青年汉尼拔

中国有一句俗语："龙生龙，凤生凤，老鼠的儿子会打洞！"用现代人的观念来说，除了先天的遗传因素之外，更重要的还是后天的教育，尤其是家庭教育，以及在实践之中的磨炼，为一个人的成才奠定了坚实的基础。汉尼拔虽然生活在公元前3世纪，但是人类社会中的许多法则仍是大同小异的。

在公元前238年，汉尼拔跟着父亲哈米尔卡·巴卡到伊比利亚半岛参加战斗，在那里一直生活了10年的时间。直到父亲哈米尔卡·巴卡去世，汉尼拔才重回迦太基，接受国内的学校教育。在伊比利亚半岛，除了有父亲陪伴着汉尼拔之外，还有他的三个兄弟，哈斯德鲁巴尔·巴卡、马戈·巴卡和汉诺·巴卡。

哈米尔卡·巴卡是迦太基的大将，虽然征战沙场，随时有生命危险，但是他十分富有。他的儿子哈斯德鲁巴尔·巴卡、马戈·巴卡和汉诺·巴卡都接受过良好的教育，并且在伊比利亚带兵，掌握着十分强大的雇佣兵军队。这为汉尼拔的成长提供了一个非常好的家庭环境。

言传身教

汉尼拔在度过了童年的岁月之后，开始对战争有了自己的认识。在父亲和兄长们的教育之下，汉尼拔逐步掌握了战争的一些规则和方法。虽然汉尼拔还没有真正带过兵，但是对于带兵的一些要点，他已经学习到了第一手材料。战争的一些基本理论，汉尼拔直接从父亲那里就可以学到。

哈米尔卡·巴卡每次训练军队，都要让汉尼拔在一旁看着，并告诉他如何激发士气，如何才能提高军队的战斗力。每次开战之前，哈米尔卡·巴卡都让自己的儿子观看战前准备。如果条件允许，哈米尔卡还会将汉尼拔带在身边，让他亲历战场的厮杀。这让汉尼拔学习的军事理论与实践结合在一起。

随着汉尼拔的长大，在学习了许多的战争理论以及见识过战场的厮杀之后，他一直跃跃欲试。一次，汉尼拔终于鼓起勇气，向父亲开口，他也要自己带一支军队去冲杀。父亲一口拒绝了汉尼拔，并告诫他："战争很残酷，你还没有能力自己带兵打仗，你要学习的东西还有很多。"

汉尼拔心中十分不悦，因为他觉得自己已经长大了，完全可以带一支军队，到战场上去战斗。父亲的拒绝如当头一棒，汉尼拔原来的信心和勇气，受到很沉重的打击。当他的哥哥们知道了这件事情后，接连找汉尼拔谈话，说他们在年轻的时候，也向父亲提过这样的要求，但是都被拒绝了。

"父亲当初的教诲是对的，我们当时没有能力带兵，现在想起来那时真的很冲动。"当汉尼拔的几个哥哥跟他分享了他们在汉尼拔这个年纪，因为不知天高地厚而犯下的一些错误后，汉尼拔才意识到，自己离成为一名真正的将军还有很大的差距。之后，他更加虚心地向父亲和哥哥们请教了。

返回迦太基

公元前228年，哈米尔卡·巴卡去世，汉尼拔失去了父亲。痛苦的汉尼拔第一次体会到什么是失去。失去意味着再也不可能拥有，而战争就是要让许多人失去生命。汉尼拔此时才真正意识到，父亲说他离成为一名真正的将军还有很远的距离这句话意味着什么。丧父的痛苦让汉尼拔从幼稚走向成熟。

父亲去世之后，汉尼拔离开伊比利亚半岛，离开了一起生活10年的哥哥们，独自回到迦太基，去学习更多的东西。在伊比利亚半岛，汉尼拔跟着父亲和哥哥，学习了很多关于战争的知识。这些对于汉尼拔来说还很不够，他需要学习更多关于国家和社会的知识，尤其是关于迦太基人本身。

迦太基人在跟罗马对抗的过程中，虽然发挥了自身的长处，但是并没有在战争中弥补自身的不足，这是其战争失败的重要原因之一。迦太基人在造船和水上作战方面，比罗马人更有优势，但是正是这种优势，却让他们输掉了第一次布匿战争。

当汉尼拔回国深造之后，他切身感觉到，迦太基全国上下都弥漫着战争失败的痛苦。和罗马人签订的不平等条约，使得迦太基人民的生活压力更大了，而国内的政客们，竟然没有人反思战争失败的原因。汉尼拔一面学习，一面制定了一个完善的战略——用罗马人的办法去对付罗马人。

再回西班牙

汉尼拔看着国内的人们，没有多少能作为陆地战的勇士，去跟强大的罗马人作战。汉尼拔在伊比利亚半岛的时候，就已经见到过父亲指挥雇佣军，去为迦太基人作战。汉尼拔意识到，将来自己跟罗马人作战，也要依仗那些身体强壮的雇佣兵。指挥雇佣军，是汉尼拔要在未来面对的一大难题。

一晃汉尼拔在迦太基已经度过了4个年头。公元前224年，汉尼拔的哥哥哈斯德鲁巴尔发布命令，将汉尼拔召回伊比利亚半岛。汉尼拔怀着喜悦而沉重的心情回到了伊比利亚半岛。喜悦的是，他已经意识到自己带兵打仗的机会来了；沉重的是，要想战胜罗马人并不是一朝一夕的事，他还有很长、很艰难的路要走。

汉尼拔是一个谨慎而又有冒险精神的人，他奉命回到伊比利亚，原以为哥哥会先给自己一支队伍，让自己去亲自实践一下儿。没想到一到伊比利亚，哈斯德鲁巴尔就将骑兵的指挥权全部交给了汉尼拔·巴卡。汉尼拔接到哥哥的命令，马上就开始按照自己的思路，去训练这支由雇佣军组成的骑兵。

汉尼拔亲自指挥这支骑兵的训练，每一个细节都在他的严格要求之下。当他带着骑兵上阵冲杀的时候，才意识到许多年前父亲拒绝自己带兵打仗的原因。许多作战时的军事技术，并非像自己原来想的那样，只要明白其中的道理，就可以做一名军事指挥官的。汉尼拔的军事领导和实战能力，开始在军中展露。

为了给自己的弟弟更多崭露头角以及实战磨炼的机会，哈斯德鲁巴尔经常派汉尼拔参加战斗。汉尼拔带着他的骑兵立下了许多军功。哈斯德鲁巴尔是看着汉尼拔长大的，他知道，自己这个弟弟将来会是兄弟几个中最有成就的。不仅如此，汉尼拔将会是迦太基人的希望。

3. 汉尼拔的军队

军队是一个国家的武装集团，是国家安全的保证。汉尼拔从迦太基返回伊比利亚，即从哥哥哈斯德鲁巴尔那里得到全部骑兵的指挥权。起初的激动与兴奋过去之后，汉尼拔就遇到了现实的困难。真正率领一支骑兵进行作战训练的时候，汉尼拔意识到这支骑兵不能算是迦太基人的军队。

汉尼拔接手的这支骑兵，除了他自己，所有的成员都不是迦太基人，而是一支彻底的雇佣军。这让汉尼拔十分失望，一支没有迦太基士兵的军队，怎么能够去为迦太基的利益和荣辱而战呢？这跟汉尼拔想象中的军队，并不是一回事。在他的想象之中，迦太基人的军队应该是由迦太基勇士组成。

汉尼拔正式开始军事指挥生涯之后，他首先要面对的是士兵的杂乱。那些非迦太基人的士兵，汉尼拔必须在最短的时间里让他们团结起来，拥有更强的战斗力。否则，带出去的军队，只能成为敌人的靶子，没有任何的战斗力可言。汉尼拔的军事才能，在他刚开始军事指挥的时候，就展露了出来。

分队管理

面对骑兵成员的混乱，汉尼拔采取了一些措施，在短期内将一支没有战斗力的雇佣军迅速铸造成一支劲旅。汉尼拔在跟随父亲的岁月里，学会了多种语言。不管是罗马的语言，还是西班牙语，或者地中海沿岸其他国家的语言，汉尼拔都能够很自然地交流和沟通，没有任何语言障碍。

汉尼拔将不同国家的雇佣军，分成若干个分队，每一个分队都选出一名队长和若干副队长。队长除了要有过硬的军事素养之外，还必须能熟练地运用迦太基的语言，这样就能使军令在第一时间传达，不会因为语言不通而贻误军情。汉尼拔在跟这些队长沟通的时候，可以很熟练地运用雇佣军所在国家的语言。

分到同一队的士兵，都是来自同一个国家或者地域的人。他们有着共同的民族习惯和特性，在相互协调作战时更容易发挥整个团队的力量。汉尼拔清醒地认识到，如果整个军队都能往一个方向齐心努力，那这支军队将会有不可战胜的力量。而他要做的就是积蓄这种力量，并让这支军队绝对效忠自己。

这对于受雇的士兵来说，是一个十分振奋的消息。在这些雇佣士兵的心中，汉尼拔不是迦太基人的军官，而是他们自己的将军。不管是在训练还是作战的过程中，只要有一名士兵被围困，汉尼拔就亲自带队将他救出重围。汉尼拔不会让任何一个士兵掉队，也从不会让士兵去做无谓的牺牲。

在战斗中，如果有一队的队长牺牲了，副队长可以直接升职为队长，并承担队长的一切责任和权力。这让汉尼拔的军队，变成了一支魔鬼军团，只要他想拿下一个地方，不打到最后一个人，就不会收兵退却。一旦战场上队长发生意外，汉尼拔制定的替代制度就会立即生效，整个作战体系不会受到干扰。

内部协作

汉尼拔用了很短的时间，就让他的雇佣军队由一盘散沙变成一支战斗力很强的魔鬼军团。只要汉尼拔的命令一下达，士兵们就像下山的猛虎、入水的蛟龙一样，向前冲去。当敌人还没有反应过来，早已经败在了汉尼拔的脚下。敌人甚至都不知道，汉尼拔的军队是什么时间冲到了自己面前，将自己的脖子斩断。

在进行了几次小规模的战斗之后，汉尼拔的军队受到军队高层的关注。他的军队也从单一的骑兵扩张成为各兵种齐全的正式军队。为了进一步提高军队的作战能力，汉尼拔又做出了巨大的调整，这种调整是在战术层面上进行的。汉尼拔根据雇佣军的不同特色和优势，将他们分类型聚集，并加以适当的战术指导。

迦太基人的航海业很发达，他们仅依靠对外贸易这一项，每年就可以有很丰厚的收入。迦太基人中的大多数年轻人，不愿意参军作战。他们宁愿多交一点儿税也不愿意长年跟死神打交道。迦太基人每到一个地方，都会从当地带回一批人，作为生力军补充到迦太基的部队当中。

来自于不同地方的雇佣军，使用的兵器和作战方式都有很大的差别。有的喜欢使用重型武器；有的喜欢使用小型武器；有的喜欢地面作战；有的喜欢马上作战；还有的喜欢在悬崖上作战……为了消除不同作战特点带来的难以统一协调的问题，汉尼拔让他们发挥各自的长处，把不同类型的队伍放在了战场的不同位置。

当需要远距离冲锋的时候，汉尼拔就让骑兵冲上去；当需要近距离格斗时，汉尼拔派出灵活的步兵；当需要攻城时，汉尼拔就使用拥有重型武器的军队……而在众多的雇佣军中，汉尼拔最喜爱的是由利比亚人组成的军队，这支军队无论是在马上还是在地面都表现得十分英勇。

军队战力

当汉尼拔的雇佣军队经过长时间的分队管理以及内部充分磨合之后，一支战无不胜的军队诞生了。由于汉尼拔让每一支军队都发挥自己的特长，不管是在平时的训练还是在实际作战过程中，每一名士兵的战斗力都能发挥到极致，在跟敌人作战的时候，胜利总是属于汉尼拔。

虽然在汉尼拔崭露头角的时候并没有参加过太大的战争，而是在其哥哥的保护下，只跟一些弱小和孤立的敌人作战，但是这并不会削弱汉尼拔的战斗力。在伊比利亚半岛上的西班牙军队，主要使用巨型长剑，不管是步兵还是骑兵，在近距离作战的时候，可以将其灵活的战法施展得更加顺手。

在重型骑兵的选择上，汉尼拔采用伊比利亚人的马和战术。每一匹马上可以驮两名士兵，一名士兵用来马上作战，而另一个到战场上即跳下马来，进行短距离格斗。这就大大增加了汉尼拔骑兵的战斗力。巴利阿里群岛的雇佣军队会使用投石器，命中率非常高，能在远距离不接触的情况下大面积杀伤敌人。

汉尼拔允许自己的雇佣军中，存在不同类型和方式的作战分队，并在战争中给他们一个适合的位置和时间，让他们将作战能力发挥到极致。汉尼拔还训练了大象作为战争的武器，这让敌人一看便失去了抵抗的能力，不战自溃。

4. 伊比利亚之战

汉尼拔在进行了长时间的准备之后，他的军队具备了强大的作战能力。当罗马人再次向迦太基人施加压力的时候，汉尼拔就开始了与罗马抗争的行动。

汉尼拔在充分考虑了迦太基人对整个罗马的作战现状之后，决定先征服西班牙，扫清进军罗马的外围。这样汉尼拔就可以在整个战略中，处于十分有利的位置。如果一切顺利，他可以直接打到罗马去；如果情况对迦太基人不利，他可以把西班牙作为一个战略缓冲。在这一进一退的规划之中，充分显示出了汉尼拔的智慧。

第一次布匿战争的失利，迦太基人暴露的最大弱点是不能根据实际的需要调整自己的战略方向。迦太基人以为，自己在航运方面要比罗马人强，因此对于水路进攻过度自信，这让他们在面对罗马人的大船时表现得十分吃惊。当迦太基人在地中海跟罗马的大船狭路相逢时，竟丝毫没有战略预案。

汉尼拔清楚地认识到，罗马在陆地战争方面比迦太基有更大的优势。第一次布匿战争的胜利已经让罗马人对自身的优势更加有恃无恐。不仅在陆战方面罗马人能够战胜迦太基人，在水上作战方面，罗马人也表现出了巨大的潜能。而汉尼拔所要做的，就是要在陆地上将罗马人彻底打败。

征服西班牙

在汉尼拔的整个战略中，征服西班牙是最基本的一个步骤。汉尼拔确定了自己征服西班牙的计划之后，首先将目光放到了伊比鲁斯河的南岸。奥尔卡德斯部落是当地一个非常有影响力的部落，如果能尽快将这个部落征服，那么其他部落就会失去抵抗的信心，主动归降汉尼拔。

如果汉尼拔的计划能顺利地实现，他将以最小的代价，以最短的时间，在西班牙树立起自己的权威。虽然汉尼拔为自己制订了一个很长远的计划，但是他十分清楚当前的形势。要想拿下奥尔卡德斯部落，并不是一件容易的事情。自己是一个外来者，要达到目的必须一招毙敌，让对手没有还手的机会。

汉尼拔派出许多人到奥尔卡德斯部落去侦察，他们的一举一动，都在汉尼拔的掌握之中。汉尼拔是一个外来的入侵者，奥尔卡德斯部落在当地有着十分好的基础。如果汉尼拔一味按照传统方式逐渐攻破，可能几年都无法取得胜利。

汉尼拔对整个奥尔卡德斯部落进行了客观的分析，做出了在西班牙扬名的决策。汉尼拔要直接拿下奥尔卡德斯部落最大的城市阿尔泰亚。只要打下阿尔泰亚，奥尔卡德斯部落的抵抗立即就会停止。

在经过几次战役之后，汉尼拔将城中的主力军队引诱出去，集中优势兵力拿下了阿尔泰亚。不出汉尼拔的预料，不久奥尔卡德斯部落向他投降了。

萨尔曼提卡和阿布卡拉

在取得了奥尔卡德斯部落战争的胜利之后，汉尼拔很快在当地有了巨大的收获。公元前221年的冬天，汉尼拔来到新迦太基城，迦太基当局派来使者嘉奖他。汉尼拔为了给将来打造一个良好的基础，重重嘉奖了在西班牙战争中立功的士兵，并给每个参战士兵发了一份丰厚的军饷。

这一次，汉尼拔树立起了自己的威信，士兵们都相信，只要跟着汉尼拔就会有一个美好的前途。对第二年的战争，汉尼拔又给士兵们许下了承诺。他告诉手下的士兵们，只要在第二年的战事之中，能彻底打败西班牙，每个士兵都会得到一笔不菲的财富，而且会得到职位提升。

一支由雇佣军组成的军队，在汉尼拔的带领之下，变成了一支让敌人闻风丧胆的劲旅。公元前220年的夏天，汉尼拔带着他的雇佣军，向杜罗河北岸的瓦凯伊人的地盘发起进攻。经过一场大战之后，汉尼拔占据了当地重要的城市——萨尔曼提卡和阿布卡拉。这一战役的胜利，极大地鼓舞了整个军队的士气。

塔古斯河

汉尼拔战胜了瓦凯伊人，当他带着胜利之师和许多战利品准备原路返回的时候，却接到一个不好的消息。不甘心失败的瓦凯伊人，联合周围的几个部落，带领一支十几万的军队向汉尼拔杀了过来。如果汉尼拔不尽快做出反应，他带领的五六万雇佣军很有可能会让部落联军包了饺子。

汉尼拔接到报告之后，立即调整自己的队形，撤到塔古斯河的对岸去。汉尼拔知道，如果跟这支联军发生大规模的正面冲突，自己带来的这五六万雇佣军很有可能会全部葬送在这里。虽然对方有十几万军队，但是只有很少一部分是瓦凯伊人。如果自己退一步，部落联军就不会全部攻过来。

汉尼拔的军队撤过塔古斯河之后，在那里布好了阵势，等待瓦凯伊人及其友军。汉尼拔的计划是，在对方的军队渡河途中突然发动进攻，敌人很快就会撤退。由于部落联军人数众多，一旦发动进攻就很难停下来。当前面冲锋的军队被压下去以后，后面的联军必然大乱。

部落联军来到塔古斯河，发现汉尼拔的军队正在河的对面等着。联军将军一声令下，开始渡河进攻汉尼拔的军队。当他们渡到河中央的时候，汉尼拔一声令下，弓箭手和投石手一起向河中的联军发动进攻。转眼间，河中的联军士兵有半数都被射杀在河中。

剩下来的联军士兵，刚到岸边，就被冲上来的努米底亚骑兵全部斩杀在河中，少数几个冲到岸上的也被砍成了肉泥。对岸的联军士兵目睹了这场屠杀，许多联军士兵站在那里不知所措。而后面的联军不知道前面的情况，仍然勇敢地向前冲，一时间联军的队伍一片混乱。

汉尼拔看准了机会，向对岸的部落联军发动了全面进攻。部落联军虽然人数众多，但不是一个系统的军队，在指挥和作战方式上存在很大的分歧，而汉尼拔的军队都在向同一方向冲杀，整个军队士气很高。不久，部落联军就被打败了。塔古斯河战役之后，西伊比利亚地区的部落彻底向汉尼拔投降。

第二章 萨贡托与阿尔卑斯山

1. 萨贡托城之战

汉尼拔从出征西班牙的那一天起，就怀着一颗必胜的心，他的目的是将整个伊比利亚半岛控制在自己的手中。只有这样，在接下来与罗马的战争中，才能进可攻退可守。

汉尼拔颇有谋略，他选择在客观条件不具备的时候，蚕食伊比利亚半岛，尽可能不去惊动罗马人，以免招来罗马人大规模的报复。

跟迦太基人相比，罗马人更愿意主动参军，在战场上为自己的国家争取更多的生存空间和利益。当汉尼拔征服伊比利亚半岛的时候，罗马人正在跟高卢人作战。

虽然罗马人看到了汉尼拔在伊比利亚的动作，但是没有足够的精力去阻止。当罗马人发觉整个伊比利亚半岛都已在汉尼拔的控制之下时为时已晚，形势已经对罗马人不利了。

到了公元前220年秋天，汉尼拔和他的雇佣军已经实际控制了伊比鲁斯河以南的大片地区，整个伊比利亚半岛几乎都在迦太基人的控制之下，只剩下一座叫萨贡托的城市，孤零零地伫立在那里，等待着汉尼拔的征服。汉尼拔之所以最后攻打它，是因为它所处的地势险要，而且跟罗马人是非正式同盟。

萨贡托城

萨贡托城是一座沿海城市，罗马人之所以跟它结为非正式同盟，是有其自身的战略考量的。虽然在第一次布匿战争中罗马人打败了迦太基人，并强迫迦太基人签订了不平等条约，但是迦太基人在伊比利亚半岛的势力是罗马人不能相比的。

由于地理位置的原因，迦太基可以很轻易地将自己的军力投送到伊比利亚半岛。罗马人要想在伊比利亚半岛获得利益，还要从长计议，先要在那里得到一个前进的基地，而后再将迦太基人排挤出去。罗马人经过再三考量之后，选择了萨贡托这座沿海城。罗马人的战略迦太基人早就看出来了。

汉尼拔的父亲哈米尔卡，以及他的哥哥哈斯德鲁巴尔，都没有对这座城动过心思，因为他们清楚迦太基不能过早地惊动罗马。

当汉尼拔掌握了迦太基在伊比利亚的军事指挥权之后，他盯上了萨贡托城。在萨贡托城外围还没有扫清的情况下，汉尼拔也不想过早攻打萨贡托，给罗马人以口实，引起不必要的外交摩擦。当汉尼拔扫清萨贡托城的外围，准备向最后一座城进攻的时候，罗马人却提前向迦太基人发难。

当时罗马人已经打败高卢人，他们有足够的时间和精力去考虑伊比利亚半岛的战事。罗马人首先在萨贡托施加压力，使得城中发生政变，趁机将反迦太基的人扶持起来，代替罗马人向迦太基施加压力。在外交形势上，制造迦太基跟萨贡托城的紧张气氛，给罗马人派兵插手提供机会。

罗马人指使城中的反迦太基分子到城外的迦太基控制地区制造事端，然后再将罪名安在迦太基人的身上。汉尼拔在觉察到罗马人的动作之后，悄悄向萨贡托城派去军队。罗马人得到情报之后，派使臣跟迦太基当局交涉，发出严重警告，不让迦太基人打萨贡托的主意。这正暴露了罗马人信心的缺乏。

汉尼拔是一个内心很强大，而且十分缜密的人，他看到罗马的外交动作之后，就已经明白他们没有能力进军伊比利亚半岛。在做了充分的准备之后，汉尼拔在公元前219年发布命令，将萨贡托城包围了起来。他的举动让萨贡托城和罗马人都吃了一惊。

在包围萨贡托城之前，汉尼拔做了充分的战前准备。他十分清楚，萨贡托城是一座十分难攻的城。它的地理位置是在山脉的尽头，要想攻下这座城必须要先征服这座山。

在光秃秃的岩石上，汉尼拔的骑兵和重型武器都派不上用场。萨贡托城在山上面，汉尼拔的军队在山下，这是一段很难逾越的距离。

萨贡托城的城墙非常厚，再加上天然的地理屏障，让汉尼拔的进攻任务变得异常艰难。汉尼拔以几倍于城中军队的优势，将整个萨贡托城围困，切断他们与外界的一切联系，给城中的人造成心理上的巨大压力。汉尼拔知道，要想打下这座城，就一定要重创城中人的心。

短兵相接

汉尼拔在对萨贡托城的地理环境做了客观的分析之后，决定从西面发动进攻。因为城西面的地形最有利于攻城，萨贡托城西面的城墙，比其他三面的城墙要厚好几倍。

汉尼拔要想从城外进到城里，需要一场攻坚战，不是一天两天就可以取得胜利的。战斗意志更加坚定的那一方，就是最后的胜利者。

迦太基军队发动了几次进攻，都没有对萨贡托城造成重创。汉尼拔的重型武器派不上用场，这使得雇佣军的战斗力得不到充分的发挥。相反，城中的士兵还多次冲出城外，对汉尼拔的军队造成了一定的威胁。不仅一些大型的器械被破坏，就连汉尼拔也在一次战斗中受了重伤。这个时候，雇佣军内部变得不安，军心开始动摇。

萨贡托城中的指挥者得知汉尼拔受伤的消息之后，十分高兴。由于腿部受伤，汉尼拔在一段时间里不能亲自参加战斗。汉尼拔毕竟是一个有眼光的战略家，他受伤之后想到一个战胜敌人的办法。既然攻进去很困难，那么为什么不把城里的人引诱出来，在城外跟萨贡托城的有生力量进行一次大决战呢？

汉尼拔通过一些手段让城中的人相信他已经受了重伤，不能再继续进行战斗。汉尼拔还让他的雇佣军装作没有战斗力，经常有人逃跑，造成全军溃败的假象。汉尼拔军中的一切变化都在城中的监视之下。一天夜里，城中的军队发动了一次突袭，想一举消灭汉尼拔的军队。

当他们从城里冲出来，想要将汉尼拔消灭掉的时候，却发现他们已经被迦太基的雇佣军包围。城中的有生力量被消灭，汉尼拔顺势攻进城去，将里面的守军全部消灭。

汉尼拔用了将近8个月的时间，将坚不可摧的萨贡托城攻破，至此迦太基完全控制了伊比利亚半岛。

2. 第二次布匿战争爆发

萨贡托城的沦陷，对于迦太基人来说，是一个十分利好的消息。这标志着迦太基人完全征服了西班牙以及其周边的部落，并将罗马人的势力排除在伊比利亚半岛之外。有了伊比利亚半岛作为战略的缓冲，迦太基人进可以攻退可以守，极大地拓展了国家的战略空间，为下一步的行动计划提供了可能性。

汉尼拔是整个征服战争的发起人和实际执行者，萨贡托城之战的胜利为汉尼拔扫除了进攻罗马的第一块绊脚石。他从整个战争中得到了巨大的利益，不光个人的威望得到了空前的提升，他还得到巨额的财富。萨贡托城沦陷的时候，城中的居民或者被杀死，或者被俘虏，这里变成了汉尼拔个人的金库。

大批的俘虏被作为奴隶，赏赐给作战有功的将士，让奴隶为他们分担繁重的日常事宜。将士们也从战争的胜利中，得到了许多个人利益。汉尼拔命人从抢来的金银珠宝中拿出一部分，分批运到迦太基，献给迦太基当局。一时间，汉尼拔成了迦太基人的英雄，不管是当局还是军队，都十分支持汉尼拔。

许多曾经反对汉尼拔的人也从这场战争中得到了许多好处。他们转而支持汉尼拔作为军事统帅，同时也支持对罗马人宣战，希望汉尼拔能打败罗马，废除第一次布匿战争所签订的条约。

罗马人的行动

罗马人根本没有想到汉尼拔竟然能取得这么大的胜利。在整个萨贡托城之战中，罗马人的态度非常耐人寻味。一方面，他们告诫迦太基人萨贡托城是自己的盟国，如果汉尼拔要攻打，罗马必定会报复。

另一方面，罗马人却迟迟没有采取实际行动，只有象征性的一些口头措施，而没有实质性的军事行动。汉尼拔十分清楚，如果罗马出兵萨贡托城，迦太基人必败。

汉尼拔攻克萨贡托城之后，罗马人派使者出使迦太基，给迦太基当局下达了最后的通牒。罗马人让迦太基当局在规定的时间内，将攻打萨贡托城的汉尼拔以及其手下的一应人等交给罗马当局处理，否则罗马即刻对迦太基宣战。

罗马人甚至拿出第一次布匿战争所签订的条约，指责迦太基人进攻萨贡托城违反了战争条约。第一次布匿战争的失败，是所有迦太基人心中挥之不去的阴影。当罗马使者将迦太基当局心中最不愿意提及的事当众宣扬的时候，罗马使者的狂傲，一下子激怒了迦太基当局，对于罗马人的要求他们表示，迦太基人拒不接受罗马人的无理要求，汉尼拔以及其领导的军队是迦太基的保护神。

第一次布匿战争失败后，签订的条约中有一条是这样说的："两国的同盟不准互相攻打，也不准在对方的疆土之内征兵。"罗马人认为萨贡托城是他们的同盟，迦太基人攻陷萨贡托城，就是在向罗马人挑衅。

但是，萨贡托城是不是罗马的同盟，这是一个无法认定的事情。迦太基人也从来没有向罗马保证过，不会去攻打萨贡托城。

实际上，罗马人跟迦太基人对于萨贡托城的战争，都有着各自的打算。虽然罗马人不能接受汉尼拔攻陷萨贡托城，但是他们还不想过早地跟迦太基人开战，因为罗马人还没有做好充分的准备。而迦太基当局，从征服伊比利亚半岛的战争中获得了巨大的经济和政治利益，他们不愿意将既得的利益完全吐出来。

第二次布匿战争

迦太基人跟罗马人因为萨贡托城之战的事情谈判彻底决裂。罗马人正式对迦太基宣战，这在很大程度上直接引发了第二次布匿战争。由于冬天的到来，虽然罗马已经向迦太基宣战，但是并没有采取军事行动。不管是迦太基人还是罗马人，都在等待冬季结束，在战场上跟敌人一决高下。

罗马对迦太基宣战的消息传到汉尼拔的耳朵里，他并没有太大的反应，因为这早在他的预料之中。汉尼拔住在新迦太基城的家中，已经为来年的战争做好了充分的准备。

这一次战争将是史无前例的，他要做的是深入亚平宁半岛去攻占罗马。这是汉尼拔的一个梦想，也是必须要去实现的行动，他必须抢在罗马人的前面。

攻打罗马的战争，汉尼拔和他的军队必须长途奔袭。在奔袭的过程中，他一方面要保证自身的安全，另一方面要保证伊比利亚半岛，以及迦太基的广大地区不会受到罗马人的攻击。汉尼拔让所有的将士都回家过冬，让他们养足精力，以最好的状态去迎接即将到来的战争。

汉尼拔将自己在伊比利亚的指挥权全部交给了他的哥哥哈斯德鲁巴尔。作为远征罗马的重要补给线，汉尼拔将一支强大的水上舰队和一支陆军交给哈斯德鲁巴尔，另外又增加了二十多头的大象帮助他的哥哥维持伊比利亚半岛的局势，不给罗马人任何机会。与此同时，他开展了对军队中存在的不稳定分子的清除。

陆路和水路

汉尼拔在制定攻占罗马的战略时，就十分清楚地认识到，如果迦太基人从水上进攻罗马，就必须要经过地中海。一支庞大的舰队驶入地中海，一定会被罗马人发现。如果在地中海中发生激战，迦太基必然重蹈第一次布匿战争的覆辙。迦太基的陆军作战能力，在汉尼拔的磨炼下，已经颇具战斗力。

汉尼拔要想带领他的雇佣军，从陆路进攻罗马，就一定要通过比利牛斯山与阿尔卑斯山。那里的自然环境十分恶劣，而且要跟沿途的部落接触，冲突是难免的。即使没有与沿途的部落发生冲突，顺利到达了亚平宁半岛，这些部落也是他后勤补给的重大威胁。

汉尼拔必须跟沿途的部落处理好关系，并得到他们的帮助，只有这样他才能放心地攻打罗马。为了保障远征的后勤补给，汉尼拔计划在波河流域一带建立迦太基人的补给站，这样可以就近补给，方便他在亚平宁半岛的军事行动。

汉尼拔之所以要将补给基地设在这里，是因为波河流域一带刚刚被罗马人入侵，许多部落对罗马人怀恨在心。阿尔卑斯山一带的一些部落，也被罗马人入侵过，汉尼拔利用他们与罗马之间的矛盾跟他们取得联系，得到了当地部落的积极回应。他们答应，在汉尼拔路过的时候给予最大可能的帮助。

汉尼拔还向高卢族酋长发去信件，请求他们在迦太基人过山的时候，给予一定的协助。高卢人很快回复，只要汉尼拔从他们那里路过，一定会得到高卢人的帮助。高卢人给汉尼拔带来消息，虽然阿尔卑斯山十分险恶，但是高卢人有办法翻过阿尔卑斯山。高卢人的回复，更加坚定了汉尼拔攻打罗马的信心。

3. 罗马军队

春天是万物复苏的季节。汉尼拔在经过一个冬天的休整和准备后，第二年的春天迈出了迦太基人复仇的第一步。公元前218年的春天，汉尼拔接到了迦太基当局的命令，正式实施他攻打罗马的计划。在军队开拨之前，汉尼拔开展了广泛的战争动员，将军队的士气鼓舞到了极致。

汉尼拔之所以敢孤军深入去攻打强大的罗马，是因为他对罗马的现状和作战有了一个比较清晰的认识。而罗马方面，对汉尼拔的行动竟然丝毫没有察觉。誓师之后的几个星期，汉尼拔带领他的雇佣军，带着迦太基人的希望，带着自己的伟大战略，开始了远征罗马的漫漫征程，这将是一条艰辛的旅程。

在汉尼拔出发之后，迦太基人的军队全部行动起来。大量的舰队在地中海集结，做好迎接罗马的准备。这给罗马人十分大的错觉，他们以为对迦太基的恐吓起了作用。当迦太基做好迎接罗马人可能发起的海上进攻时，罗马人却并没有采取相应的措施向迦太基发动战争。

以从军为荣

迦太基人的主要营生是海上贸易，他们对于参军打仗并没有多大的积极性。迦太基人十分的富有，与亲身参与战争的厮杀相比，他们更愿意出一点钱，雇佣其他部落的人去为自己打仗。这种现状让汉尼拔十分头疼，但他没有任何选择，只能全盘接受。

罗马人跟迦太基人，在对待从军问题上，有着很大的不同。罗马人把入伍作战获得军功看成是一种光荣，因此战斗力十分强。在罗马并不是所有的人都有资格去参军作战。只有贵族和公民才有资格参军，参军的一应军械物资都要由参军者自己准备。虽然罗马有大量的奴隶，但是奴隶是不允许入伍作战的。

公元前3世纪的罗马人，建立了罗马共和国，公民和贵族都自愿去参军。他们从很小的时候就开始练习格斗术，长大之后的使命就是去作战。因此罗马军队中的士兵都是身体健壮、身手灵活的斗士。一个罗马步兵的服役期一般为6个月，这期间他要去参加大约18场战役。

罗马骑兵的服役期比步兵的时间要长一点儿。罗马共和国的盟国有义务向罗马提供兵源，对于士兵的数量和质量，都有一套严格的规定。这使得罗马军队有源源不断的新生力量注入，及时地补充到军队当中，为军队的整体作战能力提供了十分有力的保障，这是迦太基人不能与之相比的。

分队布阵

一个罗马集团军，一般都由两个联合军团组成。这两个联合军团，一个是由盟国的军团组成，一个是由罗马人的军团组成。有时也配置一些后勤或者补给的军队。一个罗马集团军的总人数，大约在1.8万人到2万人之间。一个罗马军团配置步兵4200人和骑兵300名，而在实际的战争之中，罗马军队是分队作战的。

罗马军队的基本单位是步兵百人队。从编制上来说，一队应该有100个人，但是在实战的时候，一般60个到80个人就可以进入战斗状态。两个百人队组成第二级的作战中队，一个罗马军团要配置约30个中队。罗马军队这种层约式的编制，容易形成很强的战斗力。

罗马军队的中队，在实际排阵的时候，是排成方块形的。横向约为十四到十个步兵，纵向约为十个步兵。在单个步兵与步兵之间，会隔开五英尺的空隙，这样有利于步兵在作战的时候，充分发挥个体的格斗能力。一旦有士兵受伤，他可以通过中间的空隙退出战斗，然后新的作战力量会补充进来。这样就在最大限度之内提升了罗马军队的作战能力。当时的迦太基和希腊军队，其单个步兵都是并肩作战，一旦队形被冲乱，整个军队就会溃败。迦太基人在同罗马人作战的时候，很大程度上都在排兵布阵上吃了亏。

方格队形

在实际作战的时候，罗马军队三个中队合成一个大队，一个大队约为421名步兵。中队与中队之间，要有大约120码的间隙。这种分批次的布阵方式，在冷兵器时代有效地提高了军队的作战能力。与汉尼拔的布阵方式相比，罗马人的排列方式，更加的合理和规范。但是，战争是一场屠杀，而不是艺术。

罗马军队的步兵大队，在整个军团中又排列成方格队形。整个方格队形，一般由三个战线组成。第一线处在军队的最前面，分配有四个大队的步兵兵力。第二线和第三线，每一线都有三个大队的兵力，跟在第一线的后面。每个大队之间，相隔为360码左右。这个距离，可以在实战中随时调整作战力量。

罗马军团在作战的时候，后排的士兵可以很轻松地替换前排的士兵。第二线的士兵，也可以很轻松地替换第一线的士兵。同样，第三线的士兵也可以替换第二线的士兵。而在实战中，也可能出现其他意外情况。如果地域足够宽，第一线的步兵很有可能散开来，跟第二线、第三线并列起来，形成一条战线。

也有可能在面对强大骑兵时，第二线立即冲上去，跟第一线重新组成新第一线，而第三线变成第二线，向后面移动拉开一定的距离，作为整个步队大队的预备队，准备下一次的冲击。罗马的步兵是一支训练有素的军队，而罗马的骑兵却没有那么严格，他们大多数是从同盟国征用来的。

执政官

罗马军队的指挥很独特，他不是由带兵的将领掌握指挥权，而是由执政官来掌握。公元前3世纪，罗马共和国时期，每年都会通过选举产生两名执政官。执政官是罗马最高的行政长官，同时又是军队的最高首领，他们统驭着罗马的军队。下一级的军团首领，由法官或者财政官员担任，这是一件很有意思的事情。

从组织构架上讲，罗马人的军事指挥结构没有迦太基人的合理。汉尼拔是军队的最高指挥，只要他一声令下，就可以调动军队去进行作战。而罗马人的指挥官，基本上是一些没有作战经验的文官。这在很多的时候，会对军队的作战能力产生一定的影响。之所以罗马军队能保持很强的战斗力，跟罗马军人素质有很大关系。

4. 与老西庇阿不期而遇

公元前218年5月，汉尼拔带领步兵和骑兵共8.75万余人，离开新迦太基城。经过五百多英里的山路，到达伊比利亚半岛北部边境地区。7月中旬，汉尼拔率领军队渡过伊比鲁斯河。大军上岸不久，就遭遇到亲罗马部落的攻击。这些部落以逸待劳，汉尼拔的作战行动比预计吃力许多。

汉尼拔明白自己的处境，只有以迅雷不及掩耳的速度将敌对的部落击败，自己才能站稳脚跟。在承受了巨大的伤亡之后，汉尼拔控制了比利牛斯山和伊比鲁斯河之间的地域。为了给自己前进的大军提供一个有保障的后方，汉尼拔让他的哥哥汉诺留下来，率领步兵1万骑兵5000人，监视各个部落，以加强控制。

早在汉尼拔未渡过伊比鲁斯河的时候，罗马人派出三路人马，要再次远征迦太基。他们并不知道，汉尼拔率兵再次挺进伊比利亚，是要去攻打罗马。罗马的执政官森普罗尼乌斯·隆古斯率领一支约2.6万人的队伍，由西西里直接攻击利比亚，以对迦太基本土施压。

普布利乌斯·大西庇阿带领一支2.4万人的队伍，向西班牙挺进，准备跟汉尼拔作战。法官卢基乌斯·曼利乌斯则带领步兵1.8万人、骑兵1600人开赴意大利北部地区，防止那里的高卢人动乱，稳固罗马在那里刚刚建立起来的殖民地。虽然罗马已经得知汉尼拔渡过伊比鲁斯河，但是却没有明白他的真实意图。

过高卢

为了能顺利通过高卢，汉尼拔对自己的军队进行了一定程度的压缩，将那些作战经验丰富，而且身强力壮的士兵留下。让一部分士兵回家，这样也在一定程度上减少了给养的消耗。军队休整完成之后，汉尼拔开始艰难地翻越比利牛斯山。这个时候，汉尼拔拥有5万步兵和9000骑兵，另外还有40头大象。

当汉尼拔到达高卢的时候，受到当地人热烈的欢迎。其景象远远超出了汉尼拔的预料，这极大地增强了他的信心。高卢人接受了汉尼拔的重礼，愿意跟迦太基人交朋友。高卢人没有给汉尼拔设置任何障碍，让他的军队顺利通过。不仅如此，高卢人还主动帮助汉尼拔处理了许多难解的问题。

汉尼拔的军队中，有一批跟随他多年的老兵，他们还是第一次遇到这么热烈的欢迎场面，一个个都充满了斗志。走过高卢，汉尼拔又向罗纳河挺进。罗纳河是一道天然的水上屏障，而且对面是未知的敌对部落。同时，大西庇阿已经从另一侧翻越比利牛斯山，到达了罗纳河口与马西利亚之间的地带。

当汉尼拔到达罗纳河时，大西庇阿并没有发现他。此时汉尼拔已经远离了支持他的高卢人，所以他只能一边修建战船，一边就近寻找一些木筏和小船过河。三天之后，汉尼拔派汉诺率领一队骑兵，到达罗纳河的上游，并在那里建造船只渡河。汉诺到达上游25英里的地方，没有遇到任何麻烦，顺利地渡过罗纳河。

汉诺过河之后，立即悄悄向下游运动，渐渐靠近敌对的部落。到达攻击范围内后，汉诺点起烟火，向汉尼拔发送信号。汉尼拔看到信号之后，马上开始过河。与此同时，汉诺已经冲向敌对部落的后面，出其不意地将他们打散。汉尼拔上岸之后，又向敌对部落发动攻击，两面夹击敌军败退。

努米底亚骑兵

两天之后，汉尼拔的军队全部渡过罗纳河。汉尼拔站稳脚跟之后，侦察兵来向他报告，发现前面有罗马人的营地。汉尼拔马上派出500努米底亚骑兵，去侦察罗马军队的具体情况、具体位置、军队人数以及他们的行动计划。汉尼拔在营地里，已经做好了充分的准备，一旦骑兵有消息，马上发起攻击。

努米底亚骑兵离开营地，向前侦察着行进，一天之后和罗马的侦察骑兵相遇。双方立即进行了一场混战，努米底亚骑兵和罗马骑兵都损失很大。罗马骑兵打败了努米底亚骑兵，并一路跟到了汉尼拔的营地前。罗马骑兵立即返回，向老西庇阿报告这一惊人消息："汉尼拔带着军队，到达了这里。"

在努米底亚骑兵出发之后，山南高卢人来到汉尼拔的营地，与他进行了亲切的交谈，并承诺帮助他越过阿尔卑斯山。山南高卢人居住在靠近意大利的阿尔卑斯山一侧。山南高卢人还保证，如果汉尼拔跟罗马人打仗，他们一定会帮助他一起对付罗马人，因为山南高卢人已经受尽了罗马人的欺负。

汉尼拔马上聚集他的部下，向他们宣布已经跟山南高卢人达成了友好协议，一起对付罗马人。他鼓励手下的士兵勇敢地追随他打到意大利去，实现打败罗马人的伟大战略。罗马有他们所需要的一切财富，到了罗马他们的梦想将会成真。

当努米底亚骑兵向汉尼拔报告与罗马军队的不期而遇之后，他马上下达命令，立即动身翻越阿尔卑斯山，向罗马进军。汉尼拔不想在这里久留，第二天就带领大军进发，他让骑兵走在队伍的最后面，以防不测。为了保存一支进攻的强大力量，汉尼拔亲自监督大象渡河。但是这些大象，似乎对他的理想并没有兴趣。

大象们怎么也不想渡河，它们好像在担心什么。管理大象的士兵将许多大木筏连在一起，在上面铺满厚厚的土，并将木筏固定在陆地上。当再次牵引大象的时候，大象就踏了上去。这时候，管理人员砍断连接的绳子，想将大象拖到对岸去。大象十分害怕，纷纷跳到河里，连带着将赶象的印度人都淹死了。

大象惊慌地游到对岸，一只也没有损失。汉尼拔率领着他的队伍，向阿尔卑斯山进发。老西庇阿得知汉尼拔就在附近安营后，已经做好了充分的准备，要跟汉尼拔决一死战。当他带着罗马大军赶到汉尼拔的营地时,却发现已经是一座空营。直到这个时候,老西庇阿才如梦初醒,汉尼拔的目标根本就不是高卢,而是意大利。

老西庇阿马上带领军队返回大营,收拾装备让军队坐上大船,让他的兄弟格奈乌斯沿水路直奔西班牙,而他自己则乘快船返回意大利。老西庇阿打算在意大利北部跟曼利乌斯联手,在山南高卢地区消灭汉尼拔,将迦太基人阻挡在意大利北部,以免对罗马造成威胁。

5. 越过阿尔卑斯山

汉尼拔带领他的远征军渡过罗纳河之后,一路向东向天险阿尔卑斯山而去。翻过阿尔卑斯山到达意大利,可以有不同的路线,而汉尼拔选择了哪一条,史学界至今仍存在不同的说法。关于汉尼拔翻越阿尔卑斯山的细节,后人也给予了不同版本的描述。

汉尼拔走的是哪一条路线还不能下定论,这主要是因为,历史对于汉尼拔越过阿尔卑斯山所涉及的许多地名,都是拉丁文,而这些地方不知道什么时候,都改成了法语地名。这些地名在修改的时候,没有相关的历史记载进行对比,这些地方就无法考证具体位置。

离开罗纳河之后的第四天,汉尼拔到达了一个叫"岛"的地方。因为这个地方的形状跟尼罗河三角洲有很多相似的地方,因此波利比乌斯将它称作"岛"。翻开现代的地图,这个被波利比乌斯称作"岛"的地方,已经没有一点儿河的影子,而是一座山。它的大概位置在现在的罗纳河、埃盖河以及巴罗尼之间。

在这个被称作"岛"的地方，两个高卢人正为了争夺酋长的位置相互残杀。其中的兄长向汉尼拔的大军求助。汉尼拔意识到这个地理位置很重要，因此就帮助哥哥将弟弟赶跑了。兄长当了酋长之后，为了感谢汉尼拔，送给他许多紧缺的武器和衣物。

汉尼拔带着大军长途跋涉，从夏天走到冬天，这些物资对他来说是十分珍贵的。当高卢人得知汉尼拔要翻过阿尔卑斯山时，就带着他们通过阿罗布洛热地区。阿罗布洛热部落是一个十分不友好的部落，高卢人的帮助让汉尼拔暂时没有受到攻击。高卢人一直将汉尼拔送到阿尔卑斯山第一个关口的山下。

阿罗布洛热人

汉尼拔的军队在到达阿尔卑斯山下的第一关口时，准备马上登山。友好的高卢人告别汉尼拔回他们的领地去了。高卢人刚离开，阿罗布洛热人就密谋向汉尼拔发动进攻。

早在汉尼拔没有到达这里之前，阿罗布洛热人就已经占领了这处关口上方的山坡，等待着汉尼拔赶到这里就发动突然袭击，将汉尼拔消灭在阿尔卑斯山口。

汉尼拔孤军深入，本来就十分注意各方的动向。他早已经知道，阿罗布洛热人要向他发动攻击。汉尼拔到达阿罗布洛热人的埋伏圈子之外，停止行军，将营帐安在这里。夜幕降临之后，汉尼拔命令士兵将所有的营火都点起来，给阿罗布洛热人造成一种汉尼拔的军队已经全部睡着了的错觉。

当阿罗布洛热人离开阵地回村子里去休息的时候，汉尼拔带着军队，占领阿罗布洛热人筑起的阵地。第二天天亮之后，阿罗布洛热人从村子里回来，发现自己的阵地已经被汉尼拔占领，十分惊讶。由于汉尼拔在高处，他们只好暂时撤退，但是没有放弃对汉尼拔的攻击。

汉尼拔带领着自己的军队，继续登山，走到一段十分狭窄的山路时，阿罗布洛热人从几个不同的地方向汉尼拔发动了攻击。这一战，使得汉尼拔损失了大量的给养，许多牲口跌落山下而死。给养的损失对于汉尼拔来说是一个沉重的打击，他孤军深入，本来所带的给养就十分有限。

汉尼拔打败了阿罗布洛热人之后，继续向前占领了他们的领地，在那里得到大量的给养补充，大量的牲口，以及可以维持士兵生命的粮食。经过跟阿罗布洛热人的战斗，汉尼拔的军队受到了极大的创伤。为了恢复军队的战斗力，汉尼拔命令大军休息一天，进行短暂的休整。

难行的峡谷

汉尼拔的队伍经过一天的休息之后，继续向山中进发。几天之后，汉尼拔遇到一些土著人，他们带着许多礼品送给汉尼拔，想要跟他结交。而且，还带着几个阿罗布洛热人，说是抓住的奸细。他们主动要求作为向导带着汉尼拔向山中行进。汉尼拔对这些人产生了怀疑，但是还是在他们的带领下前行。

两天之后，汉尼拔的大军来到一个十分难行的峡谷之中。汉尼拔的大军突然遇到未知部落的攻击，土著人用礌石攻击他们的辎重，骑兵伤亡很大。由于汉尼拔已经做好了准备，队伍的前面是辎重和骑兵，重型装备的步兵放在队伍的后面。步兵上前，重创袭击的土著人。这一战之后，汉尼拔再也没有受到大规模的攻击。

打败土著人的第二天，汉尼拔的大军到达了一座山的山顶。在那里做了两天的休整，收拢了许多牲口，还有掉队的士兵。汉尼拔向四周观察了许久，才发现自己被土著人带到了一个早已经废弃的隘口。这里是一个绝界，周围没有什么可以遮挡，向前继续前行，已经找不到可以通过的路，但是他隐约能看到前方的波河平原。

士气与天灾

对汉尼拔的军队来说，他们离开故土，一路遭遇艰难险阻，再加上恶劣的自然环境，士气十分低落。汉尼拔意识到，如果不调动起大家的积极性，很有可能全军覆没在这个恶劣的地方。他将所有的军官都召集到一起，让他们去眺望意大利平原。前面不远的地方，就是他们的目的地波河平原，只要再加一把劲儿，他们就可以实现梦想。

汉尼拔情绪激昂地说："我们现在所处的位置，不仅仅是意大利的大门，更是罗马的大门。只要我们到达前方，就会进入到一个友好的区域，在那里我们可以得到补充。那里的人们跟我们一样仇恨罗马，只要进行几次大的战役，我们就可以攻下罗马。到时候，那里的一切都将属于我们。我们的梦想，就在前方不远处……"

汉尼拔的一番言语激起了军官们的激情，他们鼓足勇气继续向前行进。但是，老天似乎并不眷顾他们，本来他们就处于绝境之中，天又突然下起了大雪。在前进的时候，根本就没有路。汉尼拔命令部队一边修路一边前进。在付出了巨大代价之后，汉尼拔的部队终于越过了阿尔卑斯山，到达了波河平原。

从到达阿尔卑斯山的第一个隘口，到最后翻过整座大山，汉尼拔用了15天。这距离他离开新迦太基城，已经有五个多月的时间。汉尼拔清点自己剩下的人马，只有原来的一半还不到。虽然他在途中损失了不少人马，但是剩下的全是能经得起考验的人，而且都绝对忠诚于汉尼拔，这与罗马人决战保存了实力。

第三章 从波河到亚平宁

1. 再遇老西庇阿

汉尼拔带领着一支没有迦太基士兵的迦太基军队，历尽艰难险阻，终于翻过了阿尔卑斯山。在翻越阿尔卑斯山的过程中，许多士兵因为恶劣的自然环境而丧失生命，也有许多士兵由于受不了沿途的艰辛而当了逃兵。汉尼拔之所以要带领着一支军队翻越阿尔卑斯山，就是想出奇兵，一举打败罗马人，洗刷迦太基人的耻辱。

汉尼拔带领着剩下的雇佣兵，到达了他梦寐以求的地方。翻过了阿尔卑斯山，波河平原就在他的眼前。当他再回头，注视着身后这座雪山，心中不免感慨万千。就是为了翻越这座雪山，他遭受了极大的损失。汉尼拔再望望眼前的大平原，心中有说不出的恐惧。他知道，自己一定要在罗马人到来之前，在这块平原上站稳脚跟。

在罗纳河一带，汉尼拔就已经被老西庇阿发现，这个作战经验丰富的罗马军人一定会在第一时间有所察觉，并做出对自己不利的行动。汉尼拔担心自己的行动会比他晚一步，那所有的行动将没有任何意义。看着一个个疲惫的士兵，汉尼拔要让他的军队好好休整一番才能去作战。高卢人成为汉尼拔唯一的希望。

波河流域

迦太基军队从阿尔卑斯山一来，首先到达的是波河流域。波河流域是山南高卢人的领地，在这里汉尼拔受到了当地人的热情接待。早在汉尼拔从新迦太基城出发的时候，就已经跟山南高卢人取得了联系，传达了迦太基人对他们的友好情谊，以及想借道去攻打罗马的想法。那时山南高卢人刚刚被罗马欺负，虽然他们在战争中失败了，但是恨一直存在。

汉尼拔正是认识到了这一点，他知道山南高卢人一定恨透了罗马人。如果自己能帮助他们报仇，那么，整个意大利北部的高卢人都会站在迦太基人的一边，而且很有可能一起出兵去攻打罗马，这是汉尼拔最想看到的结果。如果汉尼拔没有跟高卢人联合起来，而让罗马人抢到前面，他的整个计划可能就会落空。

到达波河流域，汉尼拔送给当地高卢人许多珍贵的宝物，并表示出对高卢人的尊敬和友好。这对刚刚打了败仗的高卢人来说，是十分友好的表现。汉尼拔得知，这里的高卢人部落是山南高卢人的一支，名字叫作印苏布莱斯部落，他们正在跟托里尼部落打仗。汉尼拔马上明白，自己只要做成一件事情就会在当地站稳脚跟。

汉尼拔先是派人向托里尼部落送去一份礼物，表达迦太基人对他的敬意。如果托里尼人接受了汉尼拔的礼物，那么他就可以从中调解，让他们跟印苏布莱斯部落和好。但是，托里尼部落并没有将汉尼拔放在眼里，留下了礼物却将汉尼拔的使者赶了回来。汉尼拔见软的不行，马上命令手下的雇佣军向托里尼部落发动攻击。

汉尼拔的大军一口气冲到托里尼人的都城托拉西亚，只用了三天时间就将这座城攻打了下来。这是汉尼拔离开阿尔卑斯山之后打的第一个胜仗。这一仗的胜利，不仅为他的远征军找回了士气，而且向当地的高卢人证明了，迦太基人是攻无不克的神兵。汉尼拔下令，将城中的所有托拉西亚人杀死，以表达对高卢人的友谊。

老西庇阿

汉尼拔不但攻下了托拉西亚城，而且还将城中的所有托拉西亚人杀光，当地的高卢人马上就将汉尼拔和他的军队当成了上天赐予他们的救世主。没过几天，整个波河以北地区的部落都明确表达对汉尼拔的支持。他们送来许多物资和战马，表示他们跟迦太基是朋友，愿意一同去抵抗罗马人。

当汉尼拔在波河流域为自己的军队补充给养，并跟当地人建立友好关系的时候，罗马人的触角已经伸了过来。老西庇阿早汉尼拔一步到达波河流域。老西庇阿离开罗纳河，就带着几个随从到达马西利亚，而后又坐船到达了比塞，一直到达罗马人控制的伊特鲁里亚地区。

老西庇阿知道，有一支罗马军队正从这里经过，去意大利北方镇守罗马人刚刚到手的高卢殖民地。于是，他马上接管了这支罗马军队，并带着这支军队到达波河流域，以逸待劳，准备伏击长途跋涉而来的迦太基军队。如果汉尼拔在老西庇阿准备好之前没有做好军队的休整，没有在波河流域站稳脚跟，必将全军覆没。

老西庇阿在离开罗纳河的时候，就向罗马的另一个执政官森普罗尼乌斯·隆古斯传递了消息，告诉他汉尼拔已经从罗纳河取道，向意大利北部进发。执政官森普罗尼乌斯·隆古斯此时正在西西里集结优势兵力，准备向非洲进发。接到消息之后，他马上命令他的部队向意大利北部进发，准备在那里跟老西庇阿会合。

当机立断

不管汉尼拔还是老西庇阿，他们在罗纳河得到对方的消息之后，就立即做出了反应，向彼此的军事要地奔去。他们都以为，自己可以先一步到达波河流域，在那里做好充分的准备，将对方阻挡在那里。汉尼拔一到那里，就接到骑兵的报告，在波河流域已经发现了罗马的军队。军队的指挥官就是罗纳河流域遭遇到的老西庇阿。

老西庇阿虽然比汉尼拔早一步到达了波河流域，但是由于他不清楚高卢人的动向，再加上兵力不足，所以没有贸然发动进攻。而当他做好准备之后，却突然发现汉尼拔已经到了他的鼻子底下，这让他十分吃惊。跟汉尼拔在波河流域打一仗，虽然老西庇阿没有必胜的把握，但是，他没有做丝毫的停留，而是立即出兵。

不管是汉尼拔还是老西庇阿，两个人带领的军队都是疲劳之师，谁能在第一时间向对方发起突然袭击，就会在很大程度上取得整个战场的主动权。老西庇阿带领罗马士兵渡过波河，沿着河北岸向西进攻。老西庇阿希望能对汉尼拔展开突袭，但是这个时候，汉尼拔已经发现了老西庇阿。

汉尼拔在山南高卢人的帮助之下已经做好了休整，他知道老西庇阿已经带兵向他奔来。他立即命令军队从河的上游向罗马人发动进攻，一举将老西庇阿挡住。汉尼拔明白，只要自己挡住老西庇阿，就从战略上打败了罗马人。迦太基人有足够的时间去跟高卢人合作，一起将罗马人赶出这个地区。

2. 提基努斯河

老西庇阿对波河做了一番巡视之后，把渡河的地点定在了波河的支流提基努斯河。老西庇阿命令罗马士兵在波河的支流提基努斯河上架起了一座浮桥。顺利地渡过提基努斯河之后，老西庇阿带着他的罗马军队，一边沿路搜索迦太基军队，一边寻找可以进行战斗的地点。

当老西庇阿得到迦太基军队就在附近的消息后，他马上命令罗马军队立即停止行军，安下大营让士兵吃饭休息。老西庇阿怀着必胜的信心，一定要在这一仗将迦太基人赶出亚平宁半岛，并把罗马人的大敌汉尼拔斩杀在乱军之中。

罗马人在军营中休息的时候，汉尼拔也将大营安顿下来，在让他的雇佣军休息的时候，他也在思索着一战打败罗马人的办法。罗纳河的第一次遭遇，汉尼拔的努米底亚骑兵遭受了一点儿损失，这对他的军心造成了一定程度的负面影响。为了重新找回努米底亚骑兵的自信，汉尼拔决定用骑兵来战胜罗马军队。

骑兵大战

第二天，汉尼拔带领着他的努米底亚骑兵，一边向前推进，一边侦察着罗马人的动向。不久，他就发现了罗马人的军队，细心的汉尼拔发现，罗马军队的前锋只有少数的高卢骑兵，其他全是步兵。汉尼拔马上摆好自己的军阵，他将努米底亚骑兵放在队伍的两翼，迦太基骑兵放在队伍的正中。一场大战马上就要展开。

老西庇阿还是按照老式的战法，以步兵为进攻的主力。只在前锋象征性地安排了一点高卢骑兵。罗马人的骑兵主力都放在队伍的后面，等待第一波攻势之后，再让骑兵出击。汉尼拔和老西庇阿，就在提基努斯河附近排好军阵，准备着一场恶战。

由于在罗纳河的遭遇中罗马骑兵捡了一个很大的便宜，所以在提基努斯河对阵的时候，罗马骑兵想着再次将迦太基击败。而汉尼拔的努米底亚骑兵也想在这一战中洗刷上一次失败的耻辱。提基努斯河之战，在很大程度上成了双方骑兵对决的一个场所，步兵在无形之中成为配角。

努米底亚骑兵和罗马骑兵，在提基努斯河附近展开了一场混战。飞扬的尘土将天空都遮挡住了。罗马军队擅长的是地面作战，由于高卢骑兵来回冲杀，将罗马步兵的冲锋挡住了。罗马步兵的标枪，不但不能投掷出去，还得为骑兵腾地方，稍有不慎就会被误伤。

汉尼拔在开战之前，就给自己立下了一个目标，一定要把罗马人打败，否则自己就会丧失在意大利北部立足的机会。汉尼拔知道罗马人的作战能力，当两军出现对峙的时候，汉尼拔仔细观察着罗马军队的动向。当他发现罗马的骑兵和步兵不能很好地配合和照应的时候，他果断地改变战术。

汉尼拔让努米底亚骑兵从两翼向罗马军队迂回，然后突然从斜后向罗马军队穿插过去。努米底亚骑兵的突然袭击，一下就冲乱了罗马人的阵脚，在冲过了罗马的骑兵队之后，罗马步兵就被努米底亚骑兵死死地踩在了脚下。不一会儿，罗马人就被打得七零八落。虽然罗马军队有严格的纪律，但是失败还是降临了。

高卢人投诚

提基努斯河之战，以汉尼拔的胜利而暂时落幕。老西庇阿在乱军之中也受了伤，差点丧命提基努斯河边。打仗亲兄弟，上阵父子兵，幸好他的儿子大西庇阿把他救下来，才免于一死。老西庇阿带领着残兵败将，狼狈地从提基努斯河败退，全军撤退河东岸之后，他立即下令拆毁河上的浮桥。

老西庇阿一直败退到普拉森提亚才停下来，安下自己的大营。普拉森提亚是罗马人的殖民地，老西庇阿暂时处于安全之中，不会受到汉尼拔的袭击。汉尼拔的雇佣军追赶老西庇阿直至河边。河上没有桥，他们只好将仍留在西岸的罗马军人全部抓了起来。

汉尼拔看到河上桥被拆除，心中十分高兴。之所以老西庇阿将浮桥拆除，是因为他已经彻底失去了作战的信心，只要再进行一次战斗，罗马人在意大利北部的势力就会被极大地削弱。汉尼拔沿着波河向西行进，寻找可以架设浮桥的地方。只要渡过提基努斯河，到达河对岸，老西庇阿就会成为汉尼拔的盘中餐。

汉尼拔将罗马人击退的消息，很快就在整个提基努斯河流域传开。山南高卢人一下沸腾起来，各个部落纷纷派使者对汉尼拔表示慰问。他们带了许多士兵和粮食给养，表示愿意帮助汉尼拔一起对付罗马人。对于刚刚打完仗的汉尼拔来说，这是一个十分利好的消息，最重要的是他的初步战略目标已经实现了。

汉尼拔十分清醒地认识到，只要整个山南的高卢人部落都站在自己一边，即使罗马人卷土重来，也不会对自己造成太大的威胁。只要自己乘胜追击，将罗马人赶出提基努斯河流域，那么各个部落的山南高卢人都会跟自己结盟。这对于攻打罗马来说，是一个十分好的补给通道，汉尼拔可以高枕无忧地去进军。

汉尼拔寻找到一处可以架浮桥的河段，架起一座浮桥，大军顺利地渡过了提基努斯河。一路追击下去，两天以后，就赶上了罗马军队。汉尼拔命令军队安下大营，吃了一顿丰盛的晚餐，好好休息一晚，准备跟老西庇阿大战一场，将罗马人赶出提基努斯河流域。

第二天天一亮，汉尼拔的军队就来到罗马军营的前面，布好军阵向罗马军队发出请战信号。老西庇阿拒绝出战，焦急地等待着援军赶快到来。汉尼拔的军队在罗马军营外骂战，大半天也没有见到一个罗马士兵。汉尼拔看着老西庇阿的军营，流露出喜悦的神色，下令收兵回营。

就在汉尼拔领兵撤退之时，老西庇阿军中的高卢人，全部向汉尼拔投降，步兵和骑兵2200多人。他们杀死许多罗马士兵，冲出大营投奔到了汉尼拔的军中。汉尼拔接纳了全部投诚的高卢人，以前的一切既往不咎，并对他们的举动表示十分赞赏。

汉尼拔又派这些士兵立即回他们的家乡，去招募更多的勇士，准备跟罗马人再进行一次更大规模的大战。当汉尼拔在提基努斯河流域的胜利传播到更远一点儿的地方时，波依人主动找到汉尼拔，要求跟他结盟，一起来抵抗罗马人，将他们赶出意大利北部地区。

3. 诱敌深入

高卢士兵的反叛，让老西庇阿感觉到，这里已经不是他的地盘，他需要换一个更加安全的地方，才能保证他以及剩下的罗马军队不被汉尼拔的雇佣兵杀戮。他趁着夜色，悄悄将军队带到特雷比亚河一带，找到一座高地将营地安下来。

这里是亚平宁山脉的一部分，地势比较平缓。虽然是一个斜坡，但并不是十分的陡峭。离这里不远就有罗马人可以信赖的盟友。老西庇阿停在这里，等待着森普罗尼乌斯的救兵，然后合兵一处，将汉尼拔赶出意大利北部地区。

汉尼拔得到老西庇阿已经逃跑的消息后，马上派出努米底亚骑兵去追击罗马军队，只要发现罗马人就斩尽杀绝，一个活口也不留。而汉尼拔则带着大队人马，在后面作为援军，准备一举消灭老西庇阿。

特雷比亚河

老西庇阿毕竟是一个战争老手，他在撤退的时候，在大营中留下许多器械和财物吸引汉尼拔的雇佣军去劫掠。这给老西庇阿争取到了一定的时间，他顺利地从汉尼拔的追兵中逃脱，撤到特雷比亚河对岸。努米底亚骑兵来到老西庇阿的大营中，见到许多财物，顾不上追击老西庇阿，全都停下来抢夺战利品。

当汉尼拔赶到的时候，努米底亚骑兵的行为才被制止。当两路人马再次合兵一处去追击老西庇阿的时候，罗马的大队人马早就逃之夭夭了，只有少数掉队的士兵被汉尼拔追赶上斩杀或活捉。

不久，汉尼拔又捕捉到了老西庇阿的行踪。当汉尼拔带着军队到达罗马人新营地附近约五英里的位置时，他的大军停下来，就地安下了大营。就在汉尼拔想要向罗马人再次发动进攻的时候，一个意外的事件发生，让汉尼拔得到了一批为数可观的军粮，解决了急需给养的问题。

原来，罗马人在克拉斯提蒂翁的军需库发生了兵变，看守的军人投靠了汉尼拔。汉尼拔轻易获得了一批粮食储备。这对本来就处于困境中的老西庇阿来说是一个十分沉重的打击。罗马军队陷入了举步维艰的境地。

波河地区的大多数部落都站在了汉尼拔这一边，但并不是所有的部落都反对罗马人在意大利北部的存在。在特雷比亚河和波河汇集的地方，有一个部落仍跟罗马人站在一起。汉尼拔得知这个消息之后，想到了跟罗马人决战的办法。他带了一支军队，到反对迦太基的部落领地骚扰当地的部落。

这些部落的土著人马上送信给罗马人，请求他们出兵消灭迦太基人。这正是汉尼拔想要的结果，他知道罗马人一定会派兵来救援的，这是与罗马人交战的绝好机会。汉尼拔已经想好办法，只要罗马人派出援军，他马上就设一个陷阱，让罗马人再遭遇一次重大的挫折，再也不敢轻易踏入意大利北部地区。

诱敌深入

当汉尼拔做好了安排，等待着罗马人的时候，老西庇阿等待已久的援军终于到来了。森普罗尼乌斯的援军跟老西庇阿的军队会合之后，罗马人的兵力已经达到4万多人，这与汉尼拔当时的实际兵力已经不相上下。这个时候，老西庇阿的伤还没有好，他仍不能去带兵打仗。

森普罗尼乌斯十分急躁，想尽快打败汉尼拔，然后收兵回头去攻打非洲。当森普罗尼乌斯得知，一支迦太基小分队正装满了战利品返回大营，他马上派了一支军队去袭击。迦太基军队急忙赶回营地，营中出来大量雇佣兵，将罗马人赶走，并一直追赶到罗马人的大营。

森普罗尼乌斯又派出一支军队，却被迦太基人挡住了，迦太基军队在罗马人的大营外将罗马人压制住。汉尼拔得知消息之后，马上下令让迦太基军队撤离，因为他知道拼死一搏的时机还没有到，现在还不能这样一对一地去拼杀。汉尼拔将所有出击的士兵召回大营，等待着更好的时机，他要将罗马人的损失最大化。

森普罗尼乌斯与汉尼拔第一次交手，汉尼拔主动后退，这让他有了一种优越感，就想抛开老西庇阿，独自去跟迦太基人作战，这样，战功将是森普罗尼乌斯一个人的。当老西庇阿知道森普罗尼乌斯的计划之后，劝他不要轻举妄动，而是静下来，等待一个好的时机，将汉尼拔一举歼灭。

老西庇阿认为，只要罗马人长期不跟汉尼拔交战，高卢人就会对汉尼拔产生怀疑，到时候罗马人再从中离间，用不了多久，汉尼拔就会陷入到孤立无援的境地。老西庇阿毕竟是一个身经百战的战将，他的这个计划正是汉尼拔所顾虑的。如果罗马人真的这么做，那么汉尼拔的军队很有可能葬送在特雷比亚河。

汉尼拔决定主动出击，将罗马人的有生力量从他们的大营中引诱出来，让迦太基人再取得一次大的胜利，这样在意大利北部，罗马人将彻底被赶出去，再也不可能造成大的影响。汉尼拔的战略，是要让罗马人成为他的一颗棋子，他可以任意地牵着罗马人到处走，将整个战场的主动权牢牢掌握在自己手里。

汉尼拔在一片树木之中设下了伏兵，为罗马人准备了一个大的陷阱。汉尼拔派遣马戈带着一支军队，埋伏在一处河道之中。步兵和骑兵都做好了准备，就等待着罗马人中埋伏，将到来的罗马军队全部消灭。万事俱备只欠东风，汉尼拔等待着天气给他一个十分好的引诱时机。

12月的一天，天气十分寒冷，寒风刺骨，雪片纷飞。汉尼拔派努米底亚骑兵悄悄到达罗马人的大营前，向里面投掷标枪，引诱罗马人出来交战。森普罗尼乌斯早就沉不住气了，一见有迦太基军队前来挑战，马上集合他的骑兵，又带领6000多名步兵，向努米底亚骑兵发动进攻。

森普罗尼乌斯着急跟迦太基人交战，甚至都没有让士兵吃饭。当他们在努米底亚骑兵的引诱之下渡过特雷比亚河的时候，罗马士兵一个个都跟冻坏的野鸡一样，一点战斗的力量都没有。他们在大雪中转悠了很久，已经分不清迦太基人到底在哪里，他们不会知道，死亡已经悄悄来到他们面前，与他们打了照面。

4. 特雷比亚河战役

当罗马人带着饥饿和疲惫渡过冰冷的特雷比亚河之后，等待着他们的，是比天气更加冷酷的迦太基军队。当森普罗尼乌斯心急火燎地催促罗马军队，赶紧追赶努米底亚骑兵时，汉尼拔正在为他的雇佣军提供丰盛的战饭。汉尼拔的部队，在饱餐之后又做了片刻的休息，一切完备后才集合军队准备开赴战场。

侦骑向汉尼拔报告，说前方不远已经发现罗马军队，他们已经渡过了特雷比亚河。汉尼拔马上命令全军向罗马人的队伍冲杀而去。迦太基军队在汉尼拔的率领下全线出击。队伍的最前面，是投掷石器和使用长矛的士兵，数量约有8000人，作为进攻罗马军队的先头部队。

在离开迦太基大营约一英里的地方，汉尼拔选择了一个开阔地，将两万名左右的步兵排列成一个横排。在步兵的两侧，是骑兵和大象。汉尼拔让大象战队走在军队的最前面，为整个冲杀带来了十分有力的保障。大象冲在最前面，可以给罗马军队造成大面积的伤亡，并给罗马士兵的心理造成负担。

战场

两军对垒，展开了一场屠杀行动。正当迦太基步兵和罗马军队在特雷比亚河边进行大战的时候，早已经做好准备的努米底亚轻骑兵，突然从左右两个方向，向罗马人的两翼杀过去。努米底亚轻骑兵时而以整队的兵力向罗马军队冲过去，时而退出战场，变换成新的队形，发起更加猛烈的冲击。

努米底亚轻骑兵就像是两把有力的钳子，一直没有停止对罗马军队的打击。罗马军队两侧的骑兵，从来没有见过这样的打法，不知道应该怎么应对。森普罗尼乌斯看到罗马骑兵在战场上不能取得优势，就命令他们撤下来，让罗马步兵出击。罗马步兵以三线队伍向汉尼拔的大军发动全线的进攻。

罗马步兵主要依靠的武器，就是他们手中的7支大飞镖和一柄短剑，冲到阵前的第一波次，跟迦太基军队的投石兵和长矛手相遇。迦太基步兵以逸待劳，早就做好了充分的准备，很轻易地阻挡住了罗马军队的进攻。由于罗马步兵在跟努米底亚骑兵对阵时，就已经把大部分的飞镖抛了出去，他们冲向迦太基士兵的时候，只能用手中的短剑。

当迦太基军队向他们投石时，他们只能被动挨打。投石兵攻击之后，迦太基长矛手冲上前去冲散了罗马步兵的阵形。随后冲上来的迦太基步兵，跟罗马步兵进行了一个波次的交手。罗马军队不久就败下阵来，战场的主动权落到了迦太基人的手中。第一波冲锋之后，步兵分别向后退，撤出重型武器的包围之中。

汉尼拔在跟森普罗尼乌斯的这场绞杀之中，占据了战场的绝对优势。虽然罗马军队肚中饥饿，身上又湿又冷，但是罗马军队步兵的作战能力，还是让汉尼拔十分佩服。双方步兵后撤之后，迦太基发动了一波攻击。罗马军队的两翼骑兵，在很短的时间里被冲散。

紧随其后的迦太基长矛手以及努米底亚骑兵，分两个批次向罗马军队的两翼冲杀。正在双方大战的时候，汉尼拔的哥哥马戈带兵从埋伏的河道之中冲出来，在罗马人的背后开辟了第二个战场，罗马军队一下子阵脚大乱。他们没有想到汉尼拔在他们背后还有一支伏兵。

罗马败退

就在特雷比亚河的岸边，罗马军队受到迦太基军队的前后夹击，他们只能拼命杀出一条血路，向河边败退。罗马军队开始后撤的时候，汉尼拔派出大象部队向罗马军队发起正面冲锋。本来就无心恋战的罗马人，见到大象向他们冲来，队形完全崩溃，拼命向特雷比亚河撤退。刚到河边，又一次遭到迦太基骑兵和大象的冲杀。

罗马军队在遭受巨大的损失之后，一部分罗马人冲破由高卢人守卫的战线，渡过特雷比亚河，回到安全的普拉森提亚军营。森普罗尼乌斯命人清点人数，只剩下约1万士兵。由于天气特别恶劣，汉尼拔的军队将罗马人赶过特雷比亚河就停止了冲杀。在刺骨的寒风和大雪之中，他们高唱胜利的凯歌回到了迦太基军营。

特雷比亚河战役的胜利，对于汉尼拔来说具有十分重大的意义。在山南高卢人的观念中，罗马军队是不可战胜的，但是在汉尼拔的面前，罗马人变成了一群没有用的东西。山南高卢人一下子对迦太基人十分景仰。汉尼拔的远征军终于在意大利北部站稳了脚跟，为进一步进军罗马提供了战略上的可能性。

汉尼拔的胜利虽然给罗马人造成了巨大的伤亡，但是迦太基军队自身也遭受到了一定的损失。汉尼拔的军队中。新增加的高卢士兵，由于作战能力比较弱，所以在战斗中有很大伤亡。不过，这对于汉尼拔来说，并不是太大的损失。只是有大量的老兵和牲畜被冻伤，因缺乏相应的治疗最后死去。

汉尼拔的大象战队，在这一次战役中只剩下一头，他很难在短期内得到补充。时间到了公元前218年，冬季的到来使迦太基和罗马双方都暂时停止了战争。离开迦太基一年之后，汉尼拔初步达到了第一个战略目的，跟高卢人建立友好关系，将高卢作为向罗马进军的基地，这给高傲的罗马军队造成了一定的心理压力。

休战期间，汉尼拔将自己的大部分时间用来跟波河流域的部落处理好相互之间的关系。当汉尼拔跟波河流域的部落建立了十分友好的同盟关系之后，罗马人才意识到，自己在这个地区已经失去了立足之地。如果再在这里跟汉尼拔作战，其结果只能是失败。因此罗马人果断地做出选择，放弃在山南高卢人的领地。

第二年3月，罗马进行了新一轮选举。两位执政官分别是格奈乌斯·塞尔维利乌斯和盖尤期·弗拉米尼乌斯。格奈乌斯·塞尔维利乌斯接收了公元前218年在阿里米农罗马基地的罗马军队，并新征兵源，让其重新恢复元气。盖尤期·弗拉米尼乌斯在阿雷提翁驻守。罗马的一切动向，都有密探报告给汉尼拔，罗马的一切他了若指掌。

第四章 打到罗马去

1. 汉尼拔的三大战略

汉尼拔在波河流域打败了罗马人的进攻，最终迫使罗马人放弃山南高卢人的领地。到了公元前218年的时候，汉尼拔开始为他的下一步作战计划做积极的准备。除了兵力和物资方面的准备之外，汉尼拔需要有一个正确的战略才能取得远征的最终胜利。

虽然汉尼拔打败了罗马人，但是这种胜利只是暂时的。汉尼拔要想打到罗马去，还有许多困难是他难以逾越的。罗马共和国是很强大的，仅依靠汉尼拔所带着的这些雇佣军，以及波河流域的这些部落还是很不够的。汉尼拔对罗马作战的战略计划，我们今天已经找不到相应的文件。

我们不知道汉尼拔在制定战略时，都将什么样的因素考虑进去，他的战略计划到底是什么，后世史学家进行了各种各样的推测。我们只要关注一下汉尼拔下一步所采取的行动，就能从中找到许多汉尼拔的战略计划。汉尼拔之所以被称为迦太基战神，跟他的战略眼光有很大关系。

罗马共和国

汉尼拔在罗马共和国中安插了许多的情报人员，随时向他报告罗马人的一举一动。汉尼拔对罗马的了解程度，远比罗马人自己还要全面和细致。对于单个的罗马城来说，其防御能力非常强，是当时世界上最坚固的城市之一。一味地强攻，对于迦太基远征军来说没有成功的把握。

罗马之所以强大，并不仅仅因为罗马城的坚不可摧。罗马能够成为一个强大的共和国，主要在于意大利中部和南部整个地区都在支持着罗马城。汉尼拔知道，意大利的这些地区，对于迦太基军队来说，相当于一道道不能逾越的屏障。

汉尼拔的情报人员，连续不断地将意大利中部以及南部各城邦的消息传递给汉尼拔，再结合罗马城的现状，汉尼拔才能做出正确的判断，并确定正确的战略去打败不可一世的罗马人。罗马是一个共和国，周围的许多城邦都处在高度自治的状态之下，只接受罗马的领导。

这些城邦和部落是罗马人在长达两个世纪的时间里，一点一点打出来的。许多城邦都是在战争失败之后，被迫成为罗马的一部分。他们跟罗马城之间，本身存在着一定的分歧和矛盾。只是因为罗马的强大，给这些城邦和部落带来了巨大的繁荣和生活进步，才使他们不想反抗罗马。

罗马的联盟城邦或者部落，虽然在罗马城的牢固掌握之中，但是由于罗马人对联盟内部的成员采用比较温和的方式，各个成员都能在罗马的日常事务之中发挥一定的作用，并取得相应的政治地位。时间一长，联盟成员就接受了罗马的领导，这也造就了罗马共和国的强大。

汉尼拔通过他的情报系统得到许多消息。表面上各联盟对罗马城都十分服从，但是许多联盟成员中都有反对罗马的势力存在。这些势力潜伏在罗马共和国之中，很少会被人发现。汉尼拔远征罗马，如果能想办法策反这一批人，那么就可以在一定程度上从内部瓦解罗马。

汉尼拔在波河流域两次打败罗马军队，本身就给罗马共和国内部的反罗马势力带来了一定的信心公开跟罗马城作对。这些反罗马的势力，密切关注汉尼拔的军事动向，这些细节都被迦太基情报人员得知。汉尼拔有一个大胆的设想，如果这些势力能跟迦太基人联合，罗马就会瓦解。

汉尼拔在很大程度上对罗马共和国内部的反罗马势力充满了信心，只要迦太基人在意大利中部甚至是南部取得大的胜利，罗马的联盟成员很有可能就会投靠到自己这一边，甚至有可能是全部跟迦太基人站在一边。

这一战略很难实现，却对汉尼拔具有真正的挑战意义。如果他能将这部分反罗马势力争取到自己这一边，一起去反对罗马，那么他远征罗马的计划就可以很快实现。当汉尼拔在强大的罗马共和国中找到一个隐藏的裂痕，他的整个战略就找到了一个突破点。

三大战略

在冷兵器时代，一个国家要彻底打败另一个国家，将他们的首府所在地完全占领才算是取得最大的胜利。汉尼拔要想彻底打败罗马，就要将罗马城攻克。但是，对于一支远征军来说，即使有机会进攻罗马城，也需要一些大的攻城设备。

攻城的大型设备，汉尼拔不可能从迦太基直接带过来。只有迦太基人将罗马共和国外围的所有军事力量彻底打败，才能去想办法制作和运输大型的攻城设备，否则一支远征军带着巨大的攻城武器，就会被沉重的辎重粮草牵制，不可能再有兵力和时间进行机动作战。

就算汉尼拔攻破外围，运用大型的攻城设备进攻罗马城，也需要很长的时间才能将这座城打下来。时间可能是几个月，也可能是许多年。罗马城有强大的罗马军队守卫，而且罗马城中的人，会以死来保卫罗马最后的领土。

公元前217年，汉尼拔从波河南下，开始他攻打罗马的远大计划。这个时候，迦太基人的战略已经从汉尼拔的行动中得到了证实。

攻打罗马战略的第一步，就是在罗马军队出现的外围地区尽可能多地打击罗马人，让他们在失败中对迦太基人充满恐惧。胜利的次数越多，规模越大，迦太基人的强大就会受到越多的认可。这种认可为汉尼拔下一步战略的实施，提供十分有利的外部环境。

汉尼拔战略的第二步，就是赢得罗马共和国内反罗马势力的信任，并促使更多的势力加入到反罗马联盟中去。这样，罗马在意大利中部和南部就会失去许多的战略空间。不仅如此，罗马还有可能陷入四面楚歌的困局之中。这是汉尼拔最想看到的结果。

汉尼拔战略的第三步，在第二步的目标实现之后，汉尼拔就可以控制亚平宁半岛的大部分地区，将罗马压缩在很小的范围之内。即使有些联盟不愿意跟汉尼拔站在一起，至少也要迫使他们不去帮助罗马人。

如果汉尼拔能孤立罗马，那么他就可以带兵包围拉齐奥。在大量攻城设备的帮助下，迦太基人就可以争取到足够的时间去攻下罗马城。

2. 迂回亚平宁山脉

冬天很快就过去了，又一个春天来临了。公元前217年4月，山上的积雪刚刚开始融化，汉尼拔带领他的勇士们又踏上了新的征程，开始为了他的征服计划而前进。这一次，汉尼拔没有直接向罗马军队发动新一轮的进攻，而是取道向亚平宁山中开进。罗马人丝毫不知道汉尼拔已经出发，正在向亚平宁的大山中挺进。

这一次，迦太基军队要做的，是在罗马的腹地打一场迂回战。军队在翻越亚平宁山脉的时候，只带了很少的干粮，之所以要这样，是因为汉尼拔和他的勇士们都怀着一颗必胜的心。如果这一仗不能胜利，那么他们很有可能再也回不到家乡。不能胜利，带再多的粮食也是白送给罗马人。

只要取得了这一场迂回战的胜利，他们就会从罗马人那里得到许多的粮食。走在队伍最前面的是辎重和粮草，中间是新招募来的高卢士兵，后面是汉尼拔的骑兵。之所以要将高卢士兵放在中间，是因为汉尼拔对于他们还不是特别放心。这些刚招募来的高卢士兵很有可能承受不了沿途的辛苦。汉尼拔将他们夹在队伍的中间防止他们逃跑。

翻越亚平宁山脉

汉尼拔的骑兵走在队伍的最后面，由汉尼拔的弟弟马戈率领。马戈的使命有两个，除了防止高卢士兵半路逃跑之外，还能在特殊时期起到监督作战的作用。如果有高卢士兵中途逃跑，马戈可以就地将他们斩杀，以免他们被罗马人发现而暴露了迦太基军队的行踪。如果他们作战不勇敢，骑兵就可以将他们踏成肉泥。

亚平宁山脉中的环境，虽然也十分恶劣，但是跟阿尔卑斯山比起来那可真是小巫见大巫。迦太基军队很轻易地就翻越了亚平宁山脉的最高峰。通过科林纳隘口之后，迦太基军队进入到了庀斯多利亚。又向西南走了不久，汉尼拔遇到了难题。到这时候，汉尼拔才明白，为什么罗马人和高卢人在这里都没有设防。

山中的积雪，在阳光的照耀之下迅速融化。水流沿着山坡向下流去，不断汇集在一起形成小溪。许多小溪又汇集在一起形成几条河，水流量已经很大了。地势的变化，再加上一个冬季的积雪，河水在没有汇入阿诺河的时候就已经开始泛滥。成片成片的烂泥地，将整个佛罗伦萨和庀斯多利亚都变成了泥潭。

迦太基军队只能在这些泛滥的河水和没膝泥潭之中行走，一不小心就有生命危险。他们不能做片刻的停留，因为山上的水还在不断向下流，如果再拖延一段时间，整个迦太基远征军都将葬送在这一大片泥潭之中。这对汉尼拔来说，又是一个十分严峻的考验。

持续三四天，迦太基士兵都在跟洪水和泥浆做斗争，这让他们有劲也没有地方使。一刻不停地在泥水中行军，让整个迦太基远征军十分疲惫。过了泥潭区之后，他们迅速寻找到一块干燥的地方停下来好好休息。在泥水中浸泡的时间过长，许多迦太基士兵患上了疾病，由于缺少药品，境况十分凄惨。

汉尼拔自己也没有逃脱疾病的困扰。他的两只眼睛突然肿了起来，连路也看不清楚，只好骑在仅有的那一头大象身上，好好休息一些时间。等大军走出泥潭以后，汉尼拔才找到医生医治他的眼睛。但是，一切都太晚了，汉尼拔只保住了一只眼睛。从此，声名远播的汉尼拔将军变成了独眼将军。

当汉尼拔的军队突然出现在佛罗伦萨城外的时候，罗马人一下子震惊了。阿雷佐城的弗拉米尼乌斯根本没有想到，汉尼拔会穿过洪水突然出现在自己的眼皮底下。他马上派信使快马赶往阿里密侬，向那里的塞维利阿求助，希望双方合作歼灭汉尼拔。但是，太晚了，灾难已经不可避免。

挑衅与设伏

迦太基的军队在佛罗伦萨城外安下大营充分休息之后，将发兵向东南方向行军。这一次行军，可不同于一般意义的赶路，而是一路的屠杀劫掠。见罗马人就杀，见财物就抢，能破坏的东西全部破坏掉，以激起当地守军的愤怒，引诱弗拉米尼乌斯从大营中出来跟迦太基军队决战，这是汉尼拔的目的。

弗拉米尼乌斯向山下张望，他看到了迦太基军队的所作所为。虽然他心里十分生气，但是他更清楚汉尼拔这样做的目的就是引诱他出去决战。但是，这个时候的罗马军队根本没有能力跟迦太基人抗衡。如果出去，那就是去送死，弗拉米尼乌斯坚守大营，坚决不出战，他等待着援兵的到来，一起将汉尼拔消灭在山下。

汉尼拔等待着弗拉米尼乌斯出营跟他大战一场，但是没有见到一个罗马士兵出来。相反，他发现塞维利阿的援军正风驰电掣般向这里赶来。如果两支罗马军队会合，那么整个战局就会对自己不利。汉尼拔心里十分着急，就向罗马大营的附近迂回，向弗拉米尼乌斯示威。可是，弗拉米尼乌斯铁了心，一定要待援军来了才出营作战。

汉尼拔在罗马人的大营前示威的时候，已经对周围的地形做了十分详细的侦察。转了一圈之后，汉尼拔没有去攻打弗拉米尼乌斯的大营，而是率军南下占领了离此不远的科托。科托是一个军事要塞，汉尼拔占领这里就切断了弗拉米尼乌斯跟罗马方面的联系，就连塞维利阿的救援路线也被汉尼拔切断了。

塞维利阿和弗拉米尼乌斯两支罗马军队如果不能顺利合兵一处，那么弗拉米尼乌斯的防线就没有任何意义。弗拉米尼乌斯终于沉不住气了，他带兵冲出大营，跟着汉尼拔的军队，寻找对自己有利的作战时机，如果能遇到塞维利阿的援军，还能夹击汉尼拔，这样就可以大获全胜，以雪前耻。

弗拉米尼乌斯的计划很好，但是汉尼拔已经临时改变了作战计划。他已经不仅仅想消灭弗拉米尼乌斯，就连塞维利阿的援军也在汉尼拔的绞杀计划之中。汉尼拔带领迦太基军队，不去理会弗拉米尼乌斯，而是向特拉西梅诺湖而去。

3. 特拉西梅诺湖战役

特拉西梅诺湖是亚平宁半岛上面积最大的湖。在第二次布匿战争期间，汉尼拔利用特拉西梅诺湖的地形，在公元前217年突然对罗马人发动进攻，取得了巨大的胜利。这是汉尼拔在罗马腹地取得的又一次巨大胜利。特拉西梅诺湖战役的胜利，让罗马人意识到来自于迦太基的巨大威胁。

汉尼拔切断了弗拉米尼乌斯与罗马的联系，塞维利阿的援军很可能也会被阻挡在区域之外。这让弗拉米尼乌斯无心安于大营。他急忙率领全部军队冲出大营，悄悄跟在汉尼拔的后面以寻找机会突破迦太基人的防线。汉尼拔早就发现了弗拉米尼乌斯，但是并没有向他发起进攻。

迦太基军队向东南方向而去，弗拉米尼乌斯一直尾随。几天之后的一个傍晚，迦太基军队到达了特拉西梅诺湖，在湖北岸一路向东行进。特拉西梅诺湖的北岸和东岸，有一条弧形的丘陵地带。丘陵和湖水之间是一条又长又窄的平坦路，这条路通往罗马的培鲁西亚城。对于这里的地形，汉尼拔早就有了清楚的了解。

汉尼拔的军队借着夜色的掩护登上湖边的丘陵，没有任何光亮，也没发出一点儿声音，一切都在暗中行事。汉尼拔在这里设下了陷阱，他等待着弗拉米尼乌斯的到来，再一举将这股罗马主力全部消灭。汉尼拔一切都安排好了，弗拉米尼乌斯一点儿也没有觉察到危险在逼近。

埋伏圈

罗马军队追到特拉西梅诺湖北岸，没有发现汉尼拔的军队，这个时候天已经完全黑了。弗拉米尼乌斯发现一条很窄的路，四周没有一点儿光亮，他认为迦太基军队已经到了湖的东岸。为了避免中汉尼拔的埋伏，弗拉米尼乌斯就下令罗马大军在丘陵的下面安下大营，等到天亮之后再继续追赶迦太基军队。

第二天刚一亮，弗拉米尼乌斯就急匆匆地率领大军去追赶汉尼拔。特拉西梅诺湖面上以及四周都被大雾覆盖，能见度十分低。罗马军队排着方阵，急匆匆地向前行军，并没有做任何防卫措施。弗拉米尼乌斯急于追赶汉尼拔，他主观地认为汉尼拔的大军早就逃出了湖区，竟然没有侦察一下儿战况。

当罗马大军全部进入丘陵与湖水之间的地带之后，就像是一条首尾距离很远的蛇，方阵队形瞬间散乱了。在能见度十分低的情况之下，汉尼拔突然对罗马军队的前锋发起攻击。后面的罗马士兵只听到一阵阵的叫喊声，却不知道发生了什么事情。在罗马士兵不知所措的时候，队伍的左边开始叫喊。

当罗马士兵还没有意识到发生什么事情的时候，无数的标枪、弓箭、石块向罗马军队飞过来。许多罗马士兵被击中，死伤严重，罗马大军顿时陷入了一片混乱之中。直到这个时候，弗拉米尼乌斯才意识到，自己中了汉尼拔的埋伏。慌乱之中，命令罗马大军向后撤，但是一切都太晚了。

弗拉米尼乌斯的命令还没有传下去，军队的后面又受到了迦太基人的进攻，骑兵从罗马军队的后面向前猛烈地冲杀。弗拉米尼乌斯的整个大军都处在迦太基军队的包围之中，变成了待宰的羔羊。一向自认为天下无敌的罗马军队，在特拉西梅诺湖变成了汉尼拔嘴里的一块肉，没有了一点反抗的能力。

特拉西梅诺湖包围战，是汉尼拔在他的军事生涯中第一次将全部军队都用于布设陷阱。这个陷阱，汉尼拔设置得十分完美。在陷阱的最底部，也就是罗马军队的头部，汉尼拔将西班牙军队和非洲军团布置在那里。这是一支重装甲的精锐骑兵，它的战斗力已经多次让罗马军队受到沉重的打击。

重装骑兵埋伏在一个小坡上，居高临下向罗马军队冲去，一下子就将罗马军队阻挡在骑兵的冲锋之下。罗马军队的左面，汉尼拔让他的投石兵、弓箭手以及轻装的步兵埋伏在丘陵之上。他们在很长的战线上向罗马军队发动攻击，牢牢地将罗马军队留在包围圈里，慢慢地将他们消灭在狭长地带。

当所有的罗马士兵都进入到汉尼拔布下的陷阱之后，努米底亚骑兵随后冲上去，将布袋的口子堵住。在汉尼拔军队中，努米底亚骑兵的机动性是最强的。它可以随时歼灭想从包围圈中逃跑的罗马士兵，以保证整个计划的顺利实施。

特拉西梅诺湖大绞杀

一切布置都停当之后，汉尼拔的雇佣军开始在特拉西梅诺湖边展开了一场大规模的屠杀，屠杀的对象是强大的罗马军队。这个时候，太阳已经出来了，迦太基军队居高临下，可以清楚地看到罗马士兵，这对他们作战十分有利。

而罗马军队处于低处，他们只能仰视迦太基军队，受大雾的影响，初升的太阳散射出耀眼的光。这让罗马士兵无法清楚地看到从丘陵上冲下来的迦太基士兵。罗马执政官弗拉米尼乌斯在混乱之中，也没有办法组织强有力的反击队伍。

罗马军队没法保持一个完整的队形，士兵和将官已经乱作一团，各自打自己的，没有战斗力，个个都跟没头苍蝇似的胡乱向四周冲杀，在混乱之中惨死在迦太基军队的包围中。对于罗马军队来说，这根本不能说是一场战斗，而是一场迦太基军队对罗马人的大屠杀。

罗马军队被包围，三面受敌一面是湖，绝望充斥着每一名罗马士兵的心。不到三个小时，罗马士兵就完全丧失了战斗力，为了求生，许多罗马士兵跳入湖中拼命向对岸游去。弗拉米尼乌斯带领2500名罗马士兵从大营中出来，战役结束后只剩不到1000人。

罗马执政官弗拉米尼乌斯在混战中也没有逃脱掉，被迦太基雇佣军砍成肉泥，连尸首都找不到了。罗马人的血将整个特拉西梅诺湖染成了鲜红色。湖边到处是罗马人的尸体，罗马的精锐部队，遭受了重创。

汉尼拔清点自己的军队，损失的军人大部分是高卢士兵。迦太基的精锐部队基本没有受到损伤。罗马常备军的一半都在特拉西梅诺湖战役中被歼灭，这对罗马来说是一个沉重的打击。而汉尼拔通过这场战役得到了更多的军事和政治筹码。

4. 汉尼拔的战略转折

特拉西梅诺湖战役，以迦太基的全胜画上了一个完美的句号。这场战役的胜利，使得他远征罗马的整个战略进行到了第二个阶段。迦太基军队深入罗马腹地，而且还打败了罗马一半的常规军队，这极大地鼓舞了整个远征军的士气，更重要的是汉尼拔离罗马越来越近了。

执政官弗拉米尼乌斯被迦太基人杀死，他带领的军队除了少数活着逃出来以外，其余的全部被屠杀，这对于强大的罗马来说，是一个不能接受的失败。消息传到罗马，罗马人一片惊讶之声，罗马人怎么可能遭受这么大的失败呢？许多人甚至不知道汉尼拔是什么人，他怎么可能打到罗马的腹地来呢？

就在罗马人还完全不能接受弗拉米尼乌斯的失败时，短短三天后一场战争的失败，残忍地压在了罗马人的头上。罗马共和国的另一个执政官格奈乌斯·塞尔维利乌斯，也彻底失败了。整个罗马军队被迦太基军队打得溃不成军。罗马人被激怒了，他们发誓要报复迦太基人，要报复汉尼拔。

汉尼拔在取得胜利之后并没有一丝停留，而是抓住另一个有利的战机，继续有节奏地消灭罗马军队的有生力量。罗马共和国的军队大部分掌握在两个执政官的手中。弗拉米尼乌斯的死，以及其军队的覆灭，在汉尼拔心中剔除了一块心病。

罗马祸不单行

早在汉尼拔在特拉西梅诺湖布下伏阵等待罗马执政官弗拉米尼乌斯的时候，另一个罗马执政官格奈乌斯·塞尔维利乌斯也想早日消灭汉尼拔，为自己建立一份大的功业。他的计划是派出一支部队跟弗拉米尼乌斯会合，一起打败汉尼拔的军队。但是，当他的军队还在路上的时候，弗拉米尼乌斯已经被杀死。

汉尼拔在围歼弗拉米尼乌斯的时候就已经得到消息，罗马的另一个执政官格奈乌斯·塞尔维利乌斯要从背后偷袭自己。汉尼拔正在寻找机会歼灭罗马军队的有生力量。塞尔维利乌斯的到来，让汉尼拔省去了很多的时间，可以一举将罗马的两股常备力量全部消灭在特拉西梅诺湖一带。

作为塞尔维利乌斯的前锋，尤斯·森特尼乌斯带领着4000名骑兵，一边侦察一边向前行进。特拉西梅诺湖之战结束的时候，汉尼拔的军队已经发现了尤斯·森特尼乌斯的军队。汉尼拔立即派哈尔巴带领着一支作战经验丰富的步骑混合编队，去阻击森特尼乌斯，为迦太基大军赢得休整和布阵的时间。

对于作战经验丰富的迦太基士兵来说，森特尼乌斯带领的4000名骑兵，只是一群等待宰杀的羔羊而已。再加上塞尔维利乌斯剩余的罗马军队也不能完全战胜汉尼拔的军队，汉尼拔先是将森特尼乌斯的骑兵围起来，故意不去消灭他。让他给外面的塞尔维利乌斯传递信息，吸引他去为森特尼乌斯解围。

有记载表明，汉尼拔跟塞尔维利乌斯进行了一场大战。迦太基的得胜之师，士气正处在十分鼎盛的状态。在进行了一场大规模的围歼之后，汉尼拔将罗马的这一股军队的一半士兵斩杀在战场之上，又将败退的大部分罗马士兵活捉，转变成迦太基的奴隶。

从前一向只有罗马在战争中将俘虏的战俘作为奴隶，汉尼拔的出现，让罗马人也品尝到了打败仗做奴隶的滋味。塞尔维利乌斯和剩下很少的军队逃出重围立即向罗马城报信。塞尔维利乌斯的失败，让罗马人更加震惊。汉尼拔离罗马只有几天的路程，如果他的大军兵临城下，那将是一场巨大的灾难。

独裁官法比乌斯

两次战役的失败，给罗马人的心理投下了十分沉重的阴影，罗马人再也经不起巨大的失败。为了挽回危局，罗马元老院做出一个决定，将原来体制中的两名执政官临时设置成只有一位独裁官，这个人集两个执政官的兵权于一身，他可以调动罗马的所有军队，以适应特殊时期的战争需要。

当罗马元老院对罗马现有的将军做了一个梳理之后，只有昆图斯·法比乌斯适合做这个独裁官。昆图斯·法比乌斯是罗马人的希望，因此他被授予了一个新的称号"马克西姆斯"。在对昆图斯·法比乌斯授权后，元老院又为他选择了一位助手，即副统帅马尔可斯·弥努基乌斯·鲁孚斯。

副统帅主要负责罗马所有的骑兵，以在战争中提升罗马骑兵的作用。独裁官法比乌斯上任之后，马上招募了两个新的军团，并与塞尔维利乌斯剩余的部队会合，全力以赴保卫罗马。法比乌斯心里明白，如果自己再失败，那么罗马也就不复存在了。

汉尼拔两次战役都取得了胜利，他只要一个冲锋就可以到达罗马城下。汉尼拔是一个有战略眼光的将军，他知道罗马城的防卫是很坚固的，在没有大型设备的情况之下，如果他强行攻打罗马城，罗马人一定会团结起来保卫罗马城。这跟汉尼拔最初的战略设想不一致，所以他没有选择去直接攻打罗马城。

汉尼拔带领着他的军队，向着意大利的乡村而去，想通过说服那里的罗马盟国达到完全孤立罗马的战略意图。如果汉尼拔的计划成功了，那么罗马就会变成一座不攻自破的城。在行军的过程中，由于汉尼拔的军队是雇佣军，士兵们为了钱财，一路上烧杀抢掠无恶不作，完全失去了说服罗马盟国的基础。

汉尼拔所到之处，没有一个城邦迎接他，相反许多地方都公开反对汉尼拔，这让他十分失望和伤心。无奈之下，汉尼拔到达了亚得里亚海岸。在那里，他建立了一个临时的营地，让疲惫的远征军好好休息一下儿。汉尼拔此时写了一份军事报告，从海上发给迦太基当局。

汉尼拔的军队在阿普利亚一带休整的时候，罗马独裁官已经完成了所有的仪式，正式得到神的允许而带领新招募来的罗马士兵冲出罗马城，去跟汉尼拔作战。他先是会合了塞尔维利乌斯剩余的部队，之后向阿普利亚前进。到达离迦太基营地6英里的地方停下来，建立起一座坚固的营地，坚守不战。

第五章 坎尼战役

1. "拖延家"法比乌斯

法比乌斯跟汉尼拔近在咫尺，却一直关闭营门，不去跟迦太基人交锋。汉尼拔的战略是，尽快将罗马的有生力量消灭，这样他就可以将罗马的同盟国都吸引到自己这一边来，罗马城也就会不攻自破。但是，新上任的罗马独裁官法比乌斯一点儿出战的意思也没有。不管汉尼拔如何在营门外叫骂，法比乌斯就是一个士兵也不放出来。

在接下来的几个月里，罗马士兵在法比乌斯的带领下一直避免与迦太基人交战。一些急于立战功的罗马士兵给法比乌斯取了一个绰号叫作"拖延家"。法比乌斯听说了之后，不仅没有生气，还高兴地对部下说，他就是要用拖延家的战术跟迦太基远征军比消耗。什么时候把迦太基人的意志和粮食都消耗光了，他才会出战。

罗马士兵不理解，自己的执政官为什么要采用这样的策略。法比乌斯十分清楚，虽然他所带领的军队数量多于迦太基军队的数量，但是他们都是新招募来的士兵，作战能力和战场经验根本没有办法跟迦太基远征军比较。一旦贸然跟迦太基军队开战，必然会给罗马军队带来毁灭性的灾难，这是罗马人不愿意看到的结果。

相互僵持

法比乌斯的大军有足够的粮食和补给体系，这是汉尼拔的迦太基远征军无法比拟的。法比乌斯不用花费太大的气力，就可能得到罗马军队所需的一切军用物资。而汉尼拔为了给他的大军提供足够的粮草，不得不到周围的乡村去抢劫粮草。

汉尼拔每一次寻找粮草，都给当地的人们留下十分不好的印象，他们被视作强盗。

法比乌斯心中十分清楚，只要他多坚持一天，汉尼拔的心中就会多着急一天。汉尼拔每出去寻找一次军粮，他跟罗马同盟国的距离就会远一点儿。汉尼拔的骑兵比罗马骑兵的作战能力要强，再加上法比乌斯带领的都是新兵，他不想拿全军的生命去为自己的前途赌博。他要做的是，保持跟汉尼拔对立的局面，以瓦解迦太基军队的军心。

汉尼拔看到法比乌斯一直不跟他正面交战，就想尽办法激怒他。但是，法比乌斯铁了心不跟汉尼拔交战。汉尼拔过几天就将他的大营换一个地方，并对所在地区进行残酷的蹂躏。汉尼拔一次又一次布下陷阱等着法比乌斯上当，但是法比乌斯就是不出战，这让汉尼拔无计可施。

法比乌斯虽然不跟汉尼拔正面交战，但是一直跟随着汉尼拔的军队，将汉尼拔置于自己的监视之下。每一次选择营地的时候，法比乌斯都将位置设在地势较高的地方，这样能够看清迦太基人的一举一动。

虽然法比乌斯不跟汉尼拔正面交锋，但是他也没有完全按兵不动。法比乌斯会时不时地捕捉汉尼拔军中出去劫掠的散兵游勇。每次法比乌斯都以数倍的兵力，去跟这些小股的迦太基士兵作战，胜利往往是属于罗马军队这一边。时局好像对罗马人越来越有利，而对汉尼拔十分不利。一个月又一个月过去了，法比乌斯还是不跟汉尼拔作战，他好像比任何人都有耐性。不仅汉尼拔十分生气，罗马军中的许多人对他的战略战术也不耐烦起来。

就连法比乌斯的副统帅弥努基乌斯也按捺不住几次主动要求带兵去跟汉尼拔决战，以马上阻止汉尼拔对罗马盟国的蹂躏和践踏。但是，法比乌斯仍然不为所动，他没有同意弥努基乌斯的请求。转眼到了夏天，汉尼拔一路迂回，已经到了亚平宁半岛的西面，在土地肥沃的坎帕尼亚地区安下大营。

汉尼拔的圈套

汉尼拔进入到坎帕尼亚地区，仅仅是为了得到一些必需的军用物资而后再原路返回。在大营的不远处，有一个隘口，这是汉尼拔来到坎帕尼亚的必经之地。法比乌斯心里十分清楚，汉尼拔不会在坎帕尼亚地区停留太久。法比乌斯派了一支军队，将汉尼拔必经的隘口封锁，阻止汉尼拔离开坎帕尼亚地区。

法比乌斯预料到，汉尼拔在这里劫掠之后一定会再次返回阿普利亚过冬。罗马人的一举一动也没有逃出汉尼拔的视线。当劫掠了大量的补给品和战利品之后，汉尼拔准备离开坎帕尼亚平原，在离开这里之前汉尼拔要给罗马人留下一点儿纪念。

天黑了之后，汉尼拔命令全军出发。在他的计划之中，哈斯德鲁巴尔赶着2000多头公牛走在队伍的最前面，每头公牛的角上都准备了一捆干柴。

到了预定的时间，迦太基士兵点燃牛角上的干柴，把公牛们赶到跟隘口不远的山坡上。这些山坡通向一座山，这座山离法比乌斯的营地有一定的距离，但是罗马人又能看到这些火光。

公牛头上火着起来，在迦太基士兵的驱使下向山顶疯狂地冲刺，却没有一定的军阵，而是混乱地向前冲。在罗马人远远看来，好像是迦太基人要绕道通过罗马人重兵扼守的隘口。镇守隘口的罗马士兵看到了山上的火光，马上报告指挥官。罗马指挥官以为是迦太基人要逃走，马上集合队伍离开阵地，向火光中的山坡冲去。

等到他们冲到山脊想要去拦截迦太基军队的时候，却发现山坡上全是公牛，火光是公牛角上的干柴着火引起的。罗马军队意识到自己上当时已经太晚了。埋伏在黑暗里的哈斯德鲁巴尔看准了机会杀出来，将罗马军队打得七零八落。与此同时，汉尼拔带领着大军、给养和战利品顺利通过了隘口。

罗马军营中的法比乌斯，得知对面山上火光冲天，马上意识到这是汉尼拔的计谋，但是到底是什么计谋，法比乌斯不能识破。由于天色很黑，为了防止迦太基人偷袭大营，法比乌斯命令士兵们连夜加固大营的守卫，不让迦太基人攻进来。但是，一直到天亮了，也没有看到一个迦太基士兵的影子。

到了第二天，法比乌斯得到确切的情报，汉尼拔已经离开了坎帕尼亚。之后，罗马军队和迦太基军队又变成了原来的格局。汉尼拔不停地迂回在阿普利亚，随意烧杀劫掠，而法比乌斯仍然监视着汉尼拔，却不跟他发生正面交锋。冬天就快要到了，汉尼拔将格鲁尼翁镇的罗马人全部杀光了，在那里安下大营。

不久，法比乌斯要返回罗马去参加祭祀的仪式，暂时将前线的兵权交给副统帅弥努基乌斯。法比乌斯离开之前，告诫弥努基乌斯，不要跟迦太基人正面交锋。但是，弥努基乌斯并没有听法比乌斯的话，他准备跟迦太基军队大战一场。

2. 第一次格鲁尼翁战役

罗马军队一直没有跟汉尼拔直接交战，汉尼拔采取了一系列的措施，罗马军队也没有什么大的反应。只有弥努基乌斯跟汉尼拔有过一些接触，但是那都是小规模的。冬天的到来，让汉尼拔最担心的就是整个远征军的给养问题，他必须为迦太基士兵准备好充足的物资和给养。

迦太基军营中三分之一的士兵，都到近处的田地中将成熟的庄稼全部收割回来。说收割更好听一点儿，其实就是去抢劫当地人的口粮，这遭到当地人民的强烈反对，但是他们也不敢有太多的抗争。汉尼拔又派哈斯德鲁巴尔带领4000轻装士兵，到周围的村镇去寻觅粮食和物资，将能找到的给养全部带回大营。

法比乌斯不跟汉尼拔交战，使得汉尼拔有了足够的时间，去为自己的军队寻觅给养。当罗马军队开始在汉尼拔军队周围不断地活动时，汉尼拔已经意识到，罗马军中的执政官已经换了新人。这个时候，汉尼拔的主力部队都出去筹集过冬的给养。当他得知弥努基乌斯接替法比乌斯执掌兵权之后，就着手准备将他消灭。

第一次格鲁尼翁战役

汉尼拔不愧是一个战神，弥努基乌斯一接替法比乌斯就开始蠢蠢欲动，将法比乌斯的忠告全部抛在了脑后。汉尼拔正需要一场速战速决的战役将罗马的援军打败，弥努基乌斯的急躁，让汉尼拔十分高兴。因为汉尼拔明白，现在的罗马军队虽然数量很多，但是作战能力很差。

汉尼拔带着余下的迦太基军队悄悄离开格鲁尼翁镇，在距离罗马人更近的地方安下大营。一天晚上，汉尼拔派了2000名士兵将不远的一个小山占领，故意将动静弄得大一点儿好让罗马军队发现。第二天天刚一亮，弥努基乌斯就派罗马军队将迦太基军队从小山上赶了下来，在山上建了一个罗马军营。

接下来的几天，迦太基军队和罗马军队都没有进一步行动。汉尼拔的主力都出去寻觅过冬的给养，手头上能直接使用的机动兵力没有罗马人的数量多。虽然罗马军队大部分是新组建的，但是汉尼拔没有贸然出去，而是等待对自己有利的战机。时间一天一天过去了，形势对汉尼拔越来越不利。

虽然罗马人就在汉尼拔的眼前，他很想将罗马人一网打尽，但是为迦太基军队搜集足够的给养是当前的头等大事。如果没有足够的给养，迦太基远征军就会断送在亚平宁半岛。汉尼拔只能无奈地将一半的兵力都派出去收集给养。汉尼拔的举动，也在弥努基乌斯的监控之下。

弥努基乌斯终于按捺不住了。一方面，弥努基乌斯派了一支骑兵袭击汉尼拔的征粮队，取得了胜利；另一方面，弥努基乌斯将大部分的罗马军队都派出去直接攻打迦太基大营。汉尼拔有点儿招架不住，他的大部分生力军都出去寻觅给养，费了很大的工夫才止住罗马军队的进攻。

正在混战的时候，哈斯德鲁巴尔带领征粮的士兵回营。汉尼拔看准了这个机会，当天夜里，果断放弃他的大营，突围出去回到了格鲁尼翁镇。在格鲁尼翁镇有迦太基军队大部分的给养，汉尼拔准备将罗马人引到开阔地，重创罗马军队。弥努基乌斯跟汉尼拔交战后取得了小小的胜利，他一下子被胜利冲昏了头脑。

两个独裁官

弥努基乌斯夸大其词，向罗马方面汇报了前线"大捷"，迦太基军队在格鲁尼翁镇受到重创。罗马人一下子对法比乌斯的战略产生了极大的不满，纷纷要求推举弥努基乌斯担任独裁官。虽然这种要求不符合罗马的传统，但是在压力之下，罗马当局不得不顺从民意，推举弥努基乌斯成为独裁官。

在罗马的传统里，在战事紧急的时候推举出一个独裁官，让他全权负责军事事宜，目的是为了保护罗马的安全。同时出现两个独裁官，这在罗马的历史上还是第一次发生，可见罗马人对于迦太基入侵的恐惧。当法比乌斯回到前线的时候，不得不面临两个独裁官同时存在的尴尬局面。

为了罗马的前途，法比乌斯和弥努基乌斯达成一个协议，两个人将罗马的兵力分成两半，每个人带领一半，并全权管辖所带军队的一切事宜。两支罗马军队，在相隔不到一英里的距离上，建立起两座营寨，出现情况可以相互照应。这种做法，在无形之中将罗马本来就不强的作战力量分开，局势对汉尼拔越来越有利。

虽然汉尼拔在前两次的战役之中取得了很大的胜利，但是他最担心的就是罗马人跟他持久地消耗下去。法比乌斯的战略让汉尼拔十分头疼，如果罗马一直这样下去，迦太基军队为了生存下去，就不得不在罗马同盟的地盘上继续四处劫掠。时间一长，汉尼拔远征罗马的第二阶段战略就会彻底失败。

汉尼拔心里十分清楚，虽然现在罗马军团的战斗力不如迦太基军队,但是其数量要比迦太基的多,而且源源不断的兵源会从罗马的各个盟国向前线输送。弥努基乌斯主动寻找迦太基军队作战,这本来就让汉尼拔十分高兴,只是由于他急于寻觅给养而没有足够的兵力跟弥努基乌斯交战。

当听说罗马又任命了一个新的独裁官,而这个独裁官就是没有军事才能的弥努基乌斯时,汉尼拔一下子看到了胜利的希望。好消息接踵而来,罗马两个独裁官将罗马的兵力一分为二各自为战。罗马的这一举动在汉尼拔看来,是罗马人将罗马的大门向迦太基人敞开了。

汉尼拔将格鲁尼翁镇的粮草和给养安顿好,又让迦太基士兵休息了几天,一场更大的战役谋划在汉尼拔的营帐中产生。他已经布好了圈套就等着弥努基乌斯往里钻,罗马军团将会在格鲁尼翁地区遭遇一次更大规模的失败。这是罗马的不幸,却是迦太基人的机遇。

3. 第二次格鲁尼翁战役

汉尼拔在第一次跟弥努基乌斯作战的时候,就知道他是一个没有军事能力的莽夫,他不懂得排兵布阵攻城略地的要义所在。第一仗的小小胜利,让弥努基乌斯在罗马人的心中取得了很好的印象,他也因此而被提升为独裁官。从心里他更加看不起法比乌斯,认为法比乌斯就是一个不敢出战的缩头乌龟。

在前线,他带着属于自己指挥的那一部分军队谋划着再进行一次大的战役将迦太基人彻底打败，重新树立罗马人在亚平宁半岛的威望。他派出许多侦骑监视汉尼拔军中的一举一动。弥努基乌斯计划，只要一有对罗马人有利的战机，他就会马上派出所有的军队跟迦太基人决一死战。

法比乌斯是一个军事才能很强的人，当他得知弥努基乌斯在前线取得大捷之后，就已经明白罗马人上迦太基人的当了。但是，元老院不明真相，竟同意推举弥努基乌斯为独裁官。这让他十分着急，他不是为了个人的权位而着急，他着急的是如果弥努基乌斯贸然出兵，很容易上迦太基人的当而葬送罗马的前途。

当他回到前线之后，他没有成功地阻止弥努基乌斯掌握兵权，就分了一半的精锐部队由自己带走，以避免罗马遭到更大的损失。两个大营的距离很近，一方有事情，另一方可以马上支援。一方面，法比乌斯密切注意迦太基军队的动向；另一方面，对于弥努基乌斯的动向他也十分在意，以防止出现大的危险。

汉尼拔的圈套

汉尼拔在离大营不远的一座山上布置了一个很大的局，等待着弥努基乌斯。这座山有两大特点，第一个特点，就是有许多巨大的石头，石头后面可以隐藏大量的伏兵；第二个特点，就是山地高低不平，非常不利于大队人马的行军。如果在山上遭遇到伏兵，逃跑的概率很小，这正是汉尼拔想要的。

这一天的夜里，汉尼拔将山上山下以及周围可以埋伏的战略要地都分配好了相应的士兵。为了不引起罗马人的注意，迦太基士兵分成许多的小分队，一队一队悄悄出营，既不会有太大声响，也不会是异常的举动。本来军营中就时常会有一股股的士兵进进出出。

汉尼拔让迦太基军队分小队出营，不但罗马人不会注意，就是未参加行动的迦太基士兵也没有发现异常。这一夜，迦太基军营一直在向外运送士兵，直到天亮前才完成布置。天亮之后，汉尼拔让营中士兵吃了一顿大餐，又激情地讲演了一番，鼓动起迦太基士兵的士气之后，就向那座山而去。

汉尼拔命令士兵将动静做得大一点儿，让罗马人得知迦太基人在进攻这座山。汉尼拔从一出大营就在罗马侦骑的监视之下，当他带领大队人马去攻山的时候，弥努基乌斯已经得到了确切的情报。弥努基乌斯十分生气，迦太基人竟然在大白天进攻靠近罗马大营的高地，这是他不能接受的。

弥努基乌斯在没有通知法比乌斯的情况之下就将营中的全部士兵都带出去，要和汉尼拔决一死战。当他带兵出去的时候，法比乌斯已经得到了情报，他想赶过去劝阻弥努基乌斯。可是，当他赶到弥努基乌斯的大营时，营中除了几个看守之外，大部分的士兵都被弥努基乌斯带出去跟汉尼拔作战了。

法比乌斯马上意识到问题的严重性，他立即回营，将营中的主力带出来，随后追赶弥努基乌斯，希望能帮助罗马军队，阻止这场大的损失。从这一点上来看，法比乌斯确实是一位有胸怀的罗马军事执政官。

弥努基乌斯与法比乌斯

弥努基乌斯带领着罗马军队，浩浩荡荡向迦太基军队冲去。刚一接触迦太基军队，还没有对迦太基的军事行动有一个清楚的了解，他甚至不知道汉尼拔军队的具体部署就立即带兵冲上去决战。弥努基乌斯先是命令所有的步兵一齐向汉尼拔的军队冲去，而后他自己也带着骑兵和重武装士兵出击。

弥努基乌斯的战法十分简单，他就是想用一个猛烈的冲锋将迦太基士兵全部压制在这座山上，然后将他们全部歼灭。汉尼拔看到罗马士兵一起冲了上来，心中十分高兴。他最担心的就是罗马军队将整个山围起来而不进攻。汉尼拔一声令下，他所带领的全部迦太基军队勇猛地向罗马军队冲过去。

迦太基军队和罗马军队立即进入了混战状态。汉尼拔的目的，是在激战之中将罗马军队牵制在山坡上，而后发出信号让伏兵冲出去将罗马人彻底绞杀。弥努基乌斯在军中督战，命令罗马士兵冲锋，冲锋，再冲锋。当迦太基军队和罗马军队真正处于激战状态时，汉尼拔向伏兵发出了信号。

迦太基的伏兵从罗马军队的侧后方向罗马军队的两翼猛烈冲杀。罗马军队正在全力以赴向山上的迦太基军队发动冲锋，背后突然杀出两支迦太基军队。罗马的军队一下子陷入了混乱。罗马军队的队形被迦太基军队冲散，死伤严重，用不了多长时间就有可能会全军覆灭。

正在这个时候，法比乌斯的援军赶到，将弥努基乌斯救了下来。法比乌斯命令士兵向迦太基伏兵的背后冲去。汉尼拔马上分兵跟法比乌斯的军队作战。汉尼拔看到形势开始对自己不利，马上下达命令退出战斗，突破法比乌斯的防线，回到格鲁尼翁大营。

这一次格鲁尼翁战役，如果没有法比乌斯及时解围，弥努基乌斯以及他带领的整个罗马军团就会被汉尼拔全部消灭。战役结束之后，罗马士兵都知道，是法比乌斯救了他们。罗马人已经明白了，法比乌斯才是一个真正有作为的独裁官，而弥努基乌斯只是一个武夫。

弥努基乌斯从死亡之中逃了出来，他也明白了自己根本不会带兵打仗，而法比乌斯才是一个深谋远虑、遇事冷静果断的好统帅。从此之后，他对法比乌斯更加尊敬，想起自己为了个人名誉和权力而一意孤行险些将罗马军队葬送，心中就十分自责。之后，弥努基乌斯对法比乌斯的命令百分之百地服从。

4. 冲向坎尼

弥努基乌斯从失败中吸取教训，不再武断地为了个人的名誉和权力而贸然将罗马军队置于危险之中。他接受了法比乌斯的战略，不跟汉尼拔进行大规模作战。平日里罗马士兵就待在自己的军营里，进行各种各样的训练。偶尔出去以数倍于迦太基的军力攻打小规模的迦太基小分队，取得了许多小的胜利。

这对汉尼拔来说是一个十分沉重的打击。无论他想什么办法去激怒和羞辱罗马人，法比乌斯与弥努基乌斯就是不出营作战。就这样，在迦太基军队和罗马军队的相持中，几个月过去了。汉尼拔对法比乌斯的战略一点儿办法也没有。只好也待在自己的大营里，一面令士兵休养，一面提高他们的作战能力。

到了公元前216年，法比乌斯与弥努基乌斯做罗马独裁官的任期已满，他们不得不接受新一届执政官的出现。他们将手中的兵权交出，由执政官塞尔维利乌斯和雷古卢斯掌权。不久，罗马进行每年一次的选举，选举出新一届的执政官。他们分别是卢基乌斯·艾弥利乌斯·鲍卢斯和凯尤斯·泰伦提乌斯·瓦罗。

新执政官

当法比乌斯与弥努基乌斯结束独裁官任期的时候，汉尼拔曾经向罗马人发动进攻，但是罗马人仍是沿用法比乌斯的战略，不跟迦太基人进行大规模的战役。如果迦太基人靠近罗马大营，他们就放箭、掷标枪，虽然汉尼拔心中十分着急，但是对罗马人的消极待战也没有一个更好的应对办法，只能静观其变，等待对迦太基有利的时机。

新当选的两位执政官是截然不同的两个人，他们的出身和成长环境决定了他们不同的办事原则。卢基乌斯·艾弥利乌斯·鲍卢斯出生在贵族世家，天生就有一种优越感。而凯尤斯·泰伦提乌斯·瓦罗则是出生于罗马的平民家族，办事更加的低调和稳重。虽然他们两个为人处世有很大的不同，但是都赞同法比乌斯的战略。

艾弥利乌斯和瓦罗上任之后，他们意识到现在的罗马军队作战能力还很有限，如果向迦太基人发动大规模的集团进攻，对罗马军队没有什么益处。他们也不急于跟汉尼拔开战，趁着冬天，让即将离任的老执政官们继续留在军营中，暂时再管理一段时间的军队。

冬天到了，迦太基军队和罗马军队都没有再进行大的战役。罗马的老执政官们虽然年纪都很大，但是他们能抓住一些好的机会，运用法比乌斯的战略，以数倍于迦太基军队的数量去进行小规模的战役。

这让作战经验十分匮乏的罗马军队，有了许多宝贵的学习机会。罗马军队的战斗力在一定的程度上有了提高。这让艾弥利乌斯和瓦罗十分高兴，而汉尼拔却越来越急躁。

春暖花开的时候，汉尼拔在整个迦太基军队中开展了一次步兵的作战改良。他利用缴获的罗马武器来装备迦太基雇佣军中的步兵。汉尼拔是一个十分有军事才能的天才将领，他明白罗马军队的优势在步兵上。如果迦太基军队的步兵能用罗马人的战术来训练，将来到战场上一定会比罗马军队的整体作战能力更强。

向坎尼前进

时间一转眼就过去了，到了第二年的6月初，迦太基军队中的给养又开始供应不上，这个时候汉尼拔又派军队到周围的地方去寻觅给养。但是，前一年周围可以提供补给的地方几乎都被迦太基军队抢光了，他们不得不到更远的地方去寻找。这是一个十分严重的战略问题。一个偶然的机会，迦太基军队发现了一个叫坎尼城的地方，这里有一个城堡。里面是罗马人的一个大粮仓，而且在这个地方的周围是一望无际的平原。许多快要成熟的庄稼都在等待着罗马人去收割。得到这个消息，汉尼拔十分高兴。

一方面，汉尼拔派出一支小分队，不断地在罗马人的大营前骂战；另一方面，他亲自带领一支精锐部队，去攻打坎尼城堡。坎尼城堡中的罗马士兵根本没有想到迦太基军队会来攻占这个地方。汉尼拔没有费太大的力气，就将这座城置于自己的控制之下，得到了罗马储存在这里的大量物资和军粮。

汉尼拔的这一举动引起了罗马军队的恐慌。这种恐慌不仅因为失去了一座城和许多的军粮。坎尼周围的平原是罗马共和国十分重要的农业区，而且这里的农作物马上就到了收割的季节。

如果这些农作物被迦太基人抢去，那么接下来的日子里，罗马军队很可能就会出现粮食危机。不久，艾弥利乌斯和瓦罗来到了军营之中。

艾弥利乌斯和瓦罗来到军营之后，迅速接手了罗马军队的指挥权。两个人心里都十分明白，罗马人都希望能跟迦太基人开战，而且这一次必须要胜利。两个新执政官率领罗马大军向坎尼搜索，想寻找到对罗马有利的作战机会。两天之后他们就发现了汉尼拔的军营，就在前方不远的一块平原上。

艾弥利乌斯认为，这里的平坦地势，对迦太基的骑兵作战更有利，他希望将罗马大营扎在附近的山里。而瓦罗却认为，罗马军营应该扎在距离迦太基军营非常近的地方，这样有利两军交战。两个人都坚持自己的意见，最后实在没有办法，就各退一步选择了在卡努西翁扎营。这里距离迦太基大营不到六英里。

为了不再发生指挥上的矛盾，两个人每人指挥一天。到了瓦罗掌握指挥权的这一天，他命令罗马军队向迦太基移动，以引诱汉尼拔出来跟他们进行最后的决战。虽然有许多人反对，但是瓦罗一意孤行。

汉尼拔得到消息之后，将迦太基主力带出大营跟罗马军队进行了一场大规模的战役。双方激战一天，没有分出胜败，各自收兵回营。

5. 坎尼之战

到了第二天，由执政官艾弥利乌斯掌握指挥权，他立即停止再向山中派遣军队跟迦太基军队作战。此时，罗马军队跟迦太基军队的距离只有不到三英里，艾弥利乌斯担心的是，一旦他派兵向山中进军，在半路很有可能遇到迦太基军队的突然袭击。

艾弥利乌斯将罗马的兵力分成两个军团。一个军团约有总兵力的三分之一，这部分兵力渡过奥菲杜斯河建立一个新的营地。遇到迦太基军队的运粮部队，就将他们全部劫杀，顺便将周围成熟的农作物收割。另一个军团，约有总兵力的三分之二，这部分主力依旧停在原地守卫瓦罗建立的大营。

不管是迦太基军队还是罗马军队，都在为即将到来的大决战做最后的准备。汉尼拔和艾弥利乌斯都在向全体的参战将士训话，要求他们不惧死亡，奋勇杀敌。两天之后，汉尼拔在奥菲杜斯河边布下军阵，引诱艾弥利乌斯迎战。可是艾弥利乌斯不跟汉尼拔决战。

汉尼拔派作战能力较强的努米底亚骑兵，到河边去袭扰罗马的小股部队。一部分罗马士兵，在去取水的路上或者回营的路上就被迦太基士兵杀死。艾弥利乌斯得到消息，仍然没有打算跟迦太基人决战。可是，瓦罗再也抑制不住内心的怒火，他真想带兵出去，将迦太基人全部杀死。可这一天，是艾弥利乌斯掌权。

战前准备

到了第二天，即公元前216年8月2日，瓦罗接替艾弥利乌斯掌握兵权。天刚一亮，他就分派一支军队守卫河两岸的两座罗马大营，其他军队瓦罗全部带出，在奥菲杜斯河左岸的一块空地上摆成罗马人常用的方形军阵，等待着迦太基人前来迎战。汉尼拔下令迦太基军队向战场进发，决一死战。

迦太基军队和罗马军队就在奥菲杜斯河左岸，各自摆好了军阵。罗马步兵有六万多人，骑兵约有七千人，还有约一万罗马军队在后方负责罗马军营的安全。汉尼拔的迦太基雇佣军，步兵大约有三万二千人，骑兵约一万，守营的士兵约有五千人。罗马军队在数量上占有绝对的优势。

虽然迦太基军队的数量没有罗马军队的数量多，但是汉尼拔早已经做好了战斗的计划，他已经有了一个消灭罗马军队的方案。在迦太基军队的阵营中，他将投石手与轻长矛手放在队伍的最前面，让他们做冲锋的散兵，起到打乱罗马军阵营的作用。

在迦太基阵营的主战场上，左翼是汉尼拔的亲哥哥哈斯德鲁巴尔，他带领着伊比利亚和高卢骑兵。哈斯德鲁巴尔从西班牙到这里，探望汉尼拔，正好赶上这一次大战。汉尼拔的步兵有一半以上是来自非洲的重型步兵，再加上用罗马军械对他们进行重新武装和训练，其作战能力有了更大的提高。

战线的中央，是短衣襟打扮的伊比利亚步兵，以及穿着更少的高卢步兵。汉尼拔在跟罗马军团进行了几场大的战斗之后，意识到罗马军团的方阵，在步兵对步兵的作战中，拥有迦太基军队无法比拟的优势。因此，汉尼拔对迦太基军队的步兵军阵做出了相应的改进。

迦太基军团的右侧，是作战勇敢的努米底亚骑兵。一切准备就绪之后，汉尼拔先让中间的伊比利亚步兵和高卢步兵向罗马军团的阵营冲去。这就使得整个迦太基军团，呈现出向前突进的弓形。而汉尼拔位于箭头的位置上，便于对整个军团进行指挥和协调。

坎尼战役

在同罗马人的战争之中，汉尼拔虽然取得了很大的胜利，但他并没有骄傲，而是虚心向罗马军队学习。罗马军队不但没有多大的进步，反而在很大方面有了退步。他们跟汉尼拔对阵的时候，还是以往的三线战队阵形。左翼是罗马骑兵，右翼是其盟国的骑兵，主力军队部署在军团的前方。

瓦罗看到迦太基人的阵形之后就敏锐地发现，迦太基军队的左侧是河，这在无形之中就使得其左翼免于受到罗马军团的攻击。瓦罗立即变换罗马军队的阵形，但是他变换的阵形给了迦太基军队太多的便利。瓦罗让整个罗马军团从左到右、从前到后都做了一定程度的压缩。这无形之中使得罗马军队的回旋余地减少。

瓦罗想尽快打败迦太基人，于是命令全军出击，一场大战拉开了序幕。罗马大军快要到达迦太基阵营时，两方面的步兵通过空隙向后面撤去，给双方的骑兵提供足够的空间。哈斯德鲁巴尔，率领西班牙骑兵和高卢骑兵冲破罗马的阵营，向里面冲击。本就薄弱的罗马骑兵，在哈斯德鲁巴尔的冲击下死伤惨重。

汉尼拔右翼的努米底亚骑兵由于在数量上跟罗马骑兵存在很大差距，在骑兵对阵中没有取得大的胜利，但是他将罗马骑兵牢牢地牵制住，不能向迦太基军阵前进一步。中线战场上，罗马军队以数量优势向迦太基军阵冲了进去。迦太基军队中的高卢士兵和伊比利亚士兵以缓慢的姿态向后撤退。

迦太基军队中间的弓形突出军阵，开始慢慢变平，而后又变成凹形的。迦太基军队不断在向后辙退，更多的罗马士兵如潮水一样涌过去。当罗马士兵挤作一团向迦太基阵营冲杀的时候，汉尼拔看到了巨大的机会。一声令下，两翼的重型武装突然包围了进入迦太基军阵的罗马士兵，罗马步兵变成了瓮中之鳖。

哈斯德鲁巴尔战胜了右翼的罗马骑兵，又绕到罗马军团左翼的骑兵之后，从后方向其发动攻击。罗马骑兵立刻全军溃败，努米底亚骑兵随后追击，哈斯德鲁巴尔趁这个机会大量杀伤罗马士兵。可怜罗马的一批新兵，在瓦罗的激进指挥之下，没有任何意义地失去了自己的生命。

第六章 法比乌斯和马尔克卢斯

1. 罗马正视危机

20世纪初，由英国剑桥大学出版的《剑桥古代史》中说："坎尼战役取得的成就，是汉尼拔战争史上最大的战果。它在时机的选择上非常得当，在步兵和骑兵的协同作战上，也达到了一种精妙的地步。它是古代战争史上一个军事艺术的典范。"坎尼战役的胜利，极大地鼓舞了迦太基远征军的士气。

坎尼战役以迦太基人的胜利、罗马人的又一次失败而结束。在这一次战役之中，罗马又一次遭受巨大的损失。罗马的步兵共有约4万人死亡，骑兵约有4000人死亡，其看守大营的约10000士兵全部被迦太基人俘获，只有约不到15000人幸存。号称强大的罗马军队，遭受了毁灭性打击。

对于每一个罗马家庭来说，他们至少有一个青壮年男子因为跟迦太基的战争而死去。总的算起来，罗马人中17岁以上的男子，已经超过1/5的人死在了战场上，这种巨大的损失是一向高傲的罗马人不能接受的。但是，面对又一次的战争失败，罗马人也只能无奈地接受。

瓦罗夹在逃亡的罗马军队中，逃过一劫，活着回到了罗马。而这场战争失败的原因，罗马元老院在短期内也很难调查清楚。可怜的艾弥利乌斯以及一批罗马一线的军官，都在这一次战役中阵亡。原本到阵前督战的80名罗马元老院调查元老也在战役之中死去，而汉尼拔损失了仅8000人。

坎尼战役失败的消息一传到罗马，罗马人惊恐到了极点。罗马人放弃了以往的高傲，开始担心汉尼拔会不会打到罗马。如果汉尼拔真的打到罗马城外，现在的城墙和守卫是否能抵挡住汉尼拔率领的迦太基军队？

新行动

在人类历史上，有许多民族因为恐惧战争而丧失了斗志，被敌人消灭。而罗马不会发生这样的事情，在几百年的发展过程中，罗马人已经习惯了频繁的战争。战争就会有胜利和失败，虽然罗马又一次战败，但是罗马人并没有屈服。相反，他们更加紧密地团结起来，寻找打败迦太基人的办法。

罗马元老院在接到坎尼战役失败的消息之后，马上讨论并做出一系列举动以应对迦太基可能带来的威胁。为了压制多次战败而可能带来的投降倾向，罗马元老院颁布命令，罗马城中禁止使用"和平"这个词语，一经发现有人使用，马上处死；对阵亡将士的祭奠只能进行一个月；所有罗马人不能哭泣。

罗马元老院一面加固城防，一面又选举新的独裁官。马尔可斯·尤尼乌斯·佩拉被选为新一任独裁官，而提比略·森普罗尼乌斯·格拉古被选举为副统帅，负责统率罗马全部的骑兵。罗马为了加强军事实力，17岁以上的男子全部参军准备战斗，共征集4个军团的罗马士兵，外加1000名骑兵。

在罗马共和国内，打仗是罗马贵族和公民的事情，奴隶和囚犯是没有权利参加战斗的。为了增强罗马军队的力量，罗马元老院决定，释放奴隶和囚犯，允许他们参加战斗以获得军功。正在罗马城一片忙碌的时候，汉尼拔给罗马元老院传递消息，只要罗马人支付巨额赎金，他就可以释放抓获的1万名罗马战俘。

可是，罗马元老院不接受汉尼拔的条件，他们认为罗马士兵被敌人抓获，不允许投降。为了得到天神的帮助，元老院去德尔法请求神灵的旨意，指引罗马人如何才能战胜汉尼拔，渡过难关。瓦罗从战场逃出来，带领着4000残兵退到卡努西翁，与另外一支10000人的罗马军队会合，依托着坚固的工事，等待援军。

马尔可斯·克劳狄乌斯·马尔克卢斯(曾任地方总督或执政官之职)接到奉命前去接管剩下的1.4万罗马军队，瓦罗被召回罗马。在那里，尽管他对罗马的这次史无前例的大败负有罪责，他还是受到了元老院的接见。元老院根本就没有因失败而责罚他，相反致谢他"没有对共和国丧失信心"。

盟友与援军

罗马人在忙碌着加固罗马城的工事，以抵御汉尼拔随时都可能的侵犯。但是，汉尼拔并没有像罗马人想象的那样去攻打罗马城。因为汉尼拔十分清醒地知道，罗马城的工事比特拉西梅诺湖战役时又坚固了许多倍。迦太基军队没有大的器械，强攻一定会带来巨大的损失。

罗马军队的顽强作战，汉尼拔已经领教过许多次，虽然他在战场上取得了胜利，但是他心里明白，他率领的这支迦太基军队是一支雇佣军。如果罗马人团结一心，拼死保卫罗马城，自己成功的概率很小。

汉尼拔的有生力量，也在坎尼战役中遭受了很大的损失。虽然汉尼拔胜利了，但是他的实力也遭到削弱。

汉尼拔从实际情况出发，当罗马人都在为罗马城的坚固而忙碌的时候，他却没有去攻打罗马城，而是将眼睛盯上了罗马的盟友们。如果汉尼拔的战略能够实现，那么罗马就会彻底被孤立，失败就会成为定局。从一定意义上讲，坎尼之战的胜利就是给罗马的盟友们看的。

当汉尼拔向罗马盟友们传递消息之后，许多罗马的盟友表示愿意跟迦太基人合作。汉尼拔放开罗马，向广大的罗马盟友进军。从阿普利亚，到萨谟奈以及亚平宁半岛中南部的一些城市也纷纷加入迦太基人的阵营。汉尼拔穿过萨谟奈，向半岛西侧的坎帕尼亚进军。他想要攻占内亚波利斯，但是没有成功。

汉尼拔又向卡普阿进军，这里的一部分人认为，迦太基必将统治这里，而一部分人认为罗马人会最后胜利。在城市内部争斗了一段时间之后，亲迦太基的一方取得了胜利，汉尼拔没费一兵一卒就顺利地进入卡普阿。

2. 马尔克卢斯

虽然有许多的罗马盟友表示愿意支持迦太基人，但是汉尼拔并不能从他们那里得到新兵。罗马的盟友们只是为了暂时保全自己，不被迦太基军队吃掉。他们并不希望迦太基军队从自己的城市中带走青壮年男子。汉尼拔在无奈之下，只得选择别的途径，去得到迦太基军队应有的兵源补充。

汉尼拔的哥哥马戈，在击败了罗马军队之后，又帮助迦太基远征军收服了几个反叛迦太基的城市，汉尼拔派他带着许多贵重的礼物返回迦太基。马戈返回迦太基有两个目的，一方面，向迦太基当局报喜；另一方面，请迦太基当局派援兵。

马戈回到迦太基之后，送给迦太基的达官们看的是从罗马人身上得到的重约10配克的黄金戒指，官员们立即被财富蒙住了眼睛。马戈对其描述了罗马是如何一个遍地黄金的地方，如果征服了那里，将会有无尽的财富流入迦太基。当他再提出需要兵源和给养的时候，迦达基当局立即表示同意。

迦太基当局表示，他们会调派给汉尼拔远征军，4000名努米底亚骑兵，400头大象，再从西班牙调2万步兵和4000步兵去前线。另外，迦太基当局还承诺，给汉尼拔一大笔钱用作军费开支。虽然马戈得到了迦太基当局的承诺，但是这些承诺什么时候才能真正兑，现还是一个未知数。

汉尼拔的外围战

汉尼拔在卡普阿滞留了一段时间，就是在这期间，罗马的独裁官马尔克卢斯在卡努西翁对罗马的战略实施了调整。他带领剩下的罗马军队，转移到了卡西利农一带，将乌尔图纳斯河一线完全控制在罗马军队的手中。在当时的战场态势下，乌尔图纳斯河是一个暂时的迦太基和罗马的实际对峙战线。

卡西利农离卡普阿并不太远，如果汉尼拔对罗马军队发动突然袭击，很有可能再一次重创罗马军队。虽然罗马军队在前几次战役之中败给了迦太基远征军，但是马尔克卢斯并没有完全将罗马军队封闭起来。

一方面，他加强罗马军队的防御能力，加紧军队的日常训练；另一方面，他对迦太基军队的一举一动都密切关注，不断派人打探消息。马尔克卢斯是一个有作为的军人，他并没有因为罗马军队的几次失败而被汉尼拔吓破了胆。如果有好的机会，他准备跟迦太基军队再打一仗，但是他不会轻易展开决战。

汉尼拔的远征军在卡普阿休整之后，离开那里去攻打诺拉。在进攻之前，汉尼拔先假装攻打奈阿波利斯，然后趁诺拉没有防备突然兵临城下。汉尼拔原来以为诺拉会主动投降，投靠自己，但是没有想到，诺拉对罗马十分忠诚。在僵持了一段时间之后，汉尼拔离开了诺拉。

汉尼拔带领军队又去攻打努克利亚。在包围了几个星期之后，努克利亚城中因为没有了粮食，统治者打开城门投降，百姓们得知统治者投降后，纷纷逃离努克利亚。迦太基雇佣军冲进城去，将城中的物资抢夺一空，而后放了一把大火将整个努克利亚城烧成灰烬。

努克利亚城之战结束之后，汉尼拔得到消息，诺拉城中有许多居民早就想摆脱罗马人的统治。汉尼拔回过身，带兵来到了诺拉城下。刚到城下，汉尼拔又得到消息，罗马独裁官马尔克卢斯已经带领罗马大军先一步入城。

马尔克卢斯

汉尼拔在诺拉城外扎下了大营，军队休整了一夜。第二天，汉尼拔马上出兵向诺拉城中的马尔克卢斯示威，引诱他交战。但是，马尔克卢斯似乎早就铁了心不跟汉尼拔正面交锋。时间就这样一天天过去了，汉尼拔一次次到诺拉城下叫阵，罗马人却连一个士兵也没有派出来。

在汉尼拔一次又一次的挑衅之后，马尔克卢斯并没有做出什么反应。而当汉尼拔决定强攻诺拉城之后，马尔克卢斯意识到自己的机会来了。马尔克卢斯在诺拉城的三个城门内都进行了新军事布置，准备在汉尼拔攻入城中的那一刻将迦太基军队消灭在城门的里面，以实现罗马军队开战以来首次大捷。

马尔克卢斯把同盟国的骑兵以及步兵都放在军阵的两侧，而罗马的步兵和骑兵则放在军阵的正中间，以减少不必要的伤亡。马尔克卢斯派一些老弱残兵以及城中的老百姓守护城墙，罗马军队的后备部队则用来进行补给运输，以避免有生力量的太大削弱。

一切部署完成之后，马尔克卢斯就在城里等待着汉尼拔攻城的消息。汉尼拔在城外又一次叫阵，马尔克卢斯还是不出战。几个小时之后，诺拉城中还是没有动静。下午3时左右，汉尼拔下令开始强攻诺拉城。汉尼拔并不知道马尔克卢斯已经在城门内做好充分的准备。

迦太基军队刚登上诺拉城的城墙，马尔克卢斯就立即命令打开城门，罗马军队突然向迦太基军队冲过去。迦太基军队一时间不知道如何应对。还是汉尼拔反应比较快，他立即组织骑兵挡住冲出来的罗马骑兵，而后带领整个迦太基军队，顺利地从战斗中撤下来。

从这一次战斗中，汉尼拔意识到，马尔克卢斯是一个有才能的军事统帅。虽然自己反应很快，使这次战斗中迦太基军队没有太大的损失，但是下一次再跟马尔克卢斯对阵，一定要格外小心。对罗马军队来说，虽然这次没有给迦太基军队造成大量的伤亡，但却是开战以来第一次正面击退迦太基军队。

罗马人将这一次战役看成是一次提升士气的机会。马尔克卢斯在罗马军队中有了很高的威望。几天后，马尔克卢斯留下重兵严密防守诺拉城，不让迦太基军队有可乘之机。而他自己则带领一支军队退到斯威苏拉山中，等待援军的到来。

马尔克卢斯退走以后，汉尼拔再强攻诺拉城也没有得到太大的便宜。一怒之下，他带兵攻陷了离那里不远的阿切拉，并将这座城劫杀一通，最后一把火将那里烧成灰烬。

3. 汉尼拔的新机遇

汉尼拔之所以能多次打败罗马军队，除了军队作战勇敢之外，在很大程度上，是因为他有一套健全的情报系统。这个情报系统让他可以知道罗马军队的一切动向，汉尼拔以这些情报为基础展开对罗马军的连番绞杀。

汉尼拔得到罗马新独裁官马尔可斯·尤尼乌斯·佩拉率领一支罗马军队正在卡西利农一带活动的情报，而卡西利农距离卡普阿非常近，这让汉尼拔非常不安，因为汉尼拔想将卡普阿作为迦太基远征战略的一个重要据点。

驻扎在卡西利农的罗马军队是一支混编的军队。这支军队里有罗马军人也有其盟国的军队。这支军队中的一部分士兵，本来是计划支援坎尼战场的，但是走到卡西利农就发现战役已经结束，所以他们就在卡西利农待命。

在卡西利农地区，有许多人想摆脱罗马的统治，因此他们公开支持汉尼拔。就像其他意大利城邦一样，那些仍然忠于罗马的人被支持汉尼拔的人抓起来，用极其残忍的方法杀害。汉尼拔的支持者很快就控制了乌尔图纳斯河北岸的地区。

卡西利农与卡普阿

为了完全控制整个卡西利农城，汉尼拔好几次大兵压境，想要攻下这座城，但是都没有成功。里面的罗马及其盟国士兵，在天险和工事的依托之下多次击退汉尼拔。为了拿下这座城，汉尼拔决定将整个城围起来，将里面的守军困起来。而他则带领大军回到卡普阿，一边休整一边度过冬天。

卡西利农之战受挫，让迦太基军队的士气受到了一定的影响。卡西利农似乎是汉尼拔军事生涯的一个转折，之后他不再像以前那样顺利。但是，在之后的十几年里，他仍然让整个罗马感到恐惧，说不定哪一天就有可能打到罗马城下。

汉尼拔在卡西利农之所以会遭受巨大失利，是因为迦太基当局承诺给他的援军和补给迟迟没有到位。而罗马军队的整体指挥能力跟以前比已经有了很大进步。虽然相对而言，迦太基军队的整体实力受到了削弱，但在卡普阿的休整，让迦太基远征军度过了一个十分舒适的冬天。

冬天快要过去的时候，汉尼拔又率军回到了卡西利农，观察战场的实际情况。卡西利农城中的人几乎都要饿死了，罗马的援助物资送不进去。马尔克卢斯一直在诺拉一带，随时准备支援那里。而佩拉已经回到罗马城，临行前将提比略·森普罗尼乌斯·格拉古留下来，临时代理独裁官的权力。佩拉叮嘱森普罗尼乌斯不要跟汉尼拔交战。

森普罗尼乌斯十分清楚当前的态势，虽然他没有跟汉尼拔的军队交战，但是他想了许多办法往城里面送粮食。只要多送进城里粮食，城里的人就会多坚持一段时间。森普罗尼乌斯曾经将粮食放在木桶中，在夜晚的时候将木桶顺到河里，顺着水漂向城里。这个办法，只在前三次有效果。

到了第四次，由于天气原因，木桶漂到迦太基军营一侧。汉尼拔得到消息之后，加强对河中的监视，再有漂浮的东西，一律打捞到迦太基军军营之中。森普罗尼乌斯利用木桶向城中运粮的办法失败了。

卡西利农城中到了绝粮的时候，汉尼拔派人跟里面的罗马军队谈判。最后达成一致意见，城中的人不管是士兵还是居民，只要交7盎司黄金，就可以离开这座城。许多人为了保命纷纷向迦太基军队交纳黄金。居民出城后各自逃命，而罗马士兵则被带到库迈，被遣散回到各自的家乡。

卡西利农的胜利对汉尼拔具有十分重要的战略意义。汉尼拔将这座城交给他的盟友坎帕尼亚人，并留下700名强悍的士兵跟坎帕尼亚人一起防守这座城。从意大利南部通向罗马，必经乌尔图纳斯河上的桥。汉尼拔控制了卡西利农，就控制住了乌尔图纳斯河，这等于切断了罗马城和意大利南部的联系。

马其顿王腓力

汉尼拔在意大利取得的胜利引起了地中海周围许多国家的注意。马其顿国王腓力五世接到消息之后十分高兴。腓力五世对罗马的扩张早就十分不满。亚得里亚海以及希腊，本来是马其顿的利益所在，因罗马扩张，马其顿的利益受到很大的威胁。

腓力五世看到了好时机，决定联合汉尼拔一起打败罗马势力。于是，他派使节带重礼去亚平宁半岛，求见汉尼拔并表达腓力五世的意愿。腓力五世提出，马其顿将派一支舰队攻打罗马的沿海城市，以使罗马两面受敌，缓解汉尼拔在陆地战场的压力。

腓力五世还承诺，战争胜利之后，亚平宁半岛的利益，全部归迦太基所有。只要在消灭罗马之后，汉尼拔从水路到达希腊，帮助马其顿将罗马的势力全部清除出去，希腊的利益以及其诸岛的利益都归马其顿所有。

更具有传奇色彩的是，马其顿的使者从水路在亚平宁半岛上岸的时候，被巡逻的罗马士兵抓住。他们假称是马其顿国王派来的使者，要去罗马共商攻打迦太基的事情。罗马士兵马上对使者以礼相待，告诉他们应该怎样到罗马城，并细致地告诉他们汉尼拔的军队在哪里。

马其顿使者在得到罗马士兵的指点后，很容易找到了汉尼拔的军营。汉尼拔得到马其顿国王的消息之后，心中十分高兴，他正在为迦太基援军迟迟不到而着急。汉尼拔接受了马其顿国王的条件，派了3个使者一同返回马其顿去求见马其顿王。但是，上天好像跟汉尼拔开了一个天大的玩笑。

当一行使者离开亚平宁半岛，坐船回马其顿的路上被罗马的舰队拦住了。马其顿人被抓到罗马舰队将军的前面，他们又谎称是马其顿出使罗马的使者，半路受到迦太基军队的拦截无法到达意大利，只好中途返回。可是，这位罗马将军马上识破了马其顿人是在说谎。

罗马将军搜查使者的衣服，从里面搜出了汉尼拔给腓力五世的信，以及迦太基和马其顿签署的条约。他们被带上罗马军舰，以最快的速度押往罗马。两国的使者都被关进了罗马的监狱里。双方的侍从人员都被卖成奴隶。这对汉尼拔来说是一个巨大的损失。

4. 两个老对手

得到迦太基和马其顿要联合的情报，罗马又组建起一支更强大的舰队以应对可能来自水面的威胁。然而，更传奇的事情又发生了，被罗马扣下的马其顿船，在船长等人的策划之下竟然成功逃脱。船长回到马其顿，将事情的经过向马其顿国王做了汇报。

腓力五世又重新派使者去跟汉尼拔谈判，这一次十分顺利，来回的路上都没有受到干扰。当双方意见达成一致的时候，夏天已经过去，当下马其顿已经不可能再行动，只能等到来年采取行动。汉尼拔所期待的援兵，迟迟没有到来。在十分困难的时候，罗马方面做出了巨大的军事调整。

自从汉尼拔踏入亚平宁半岛，在迦太基军队跟罗马的对阵中，罗马的大多数军事指挥官都不是汉尼拔的对手，他们很轻易地就被迦太基军队打败。而法比乌斯和马尔克卢斯却让汉尼拔十分头疼。当罗马一再失败之后，元老院似乎从以前的败仗中醒了过来，开始重新起用法比乌斯，消磨汉尼拔的有生力量和给养。

老对手法比乌斯

公元前215年的时候，罗马元老院选举法比乌斯和提比略·森普罗尼乌斯·格拉古作为新一任的罗马执政官。一支两万多人的军队交给森普罗尼乌斯指挥。这一支新军中大多数是释放的奴隶和罗马同盟国的军队。他们起程向军事要塞利特尔农奔去。

如果能在那里挡住汉尼拔，那么迦太基人将会被阻挡在奈阿波利斯和库迈一线之外。汉尼拔要从迦太基得到给养和兵源，从水路运输是最方便的，但是离他最近的港口在坎帕尼亚。汉尼拔要想得到这个港口，就必须占领奈阿波利斯和库迈。

法比乌斯、马尔克卢斯以及森普罗尼乌斯，都不想过早地跟汉尼拔开战。他们在暗中观察迦太基军队的动向，以寻找对罗马有利的战机。双方对峙了一段时间，汉尼拔虽然数次挑战，但是罗马军队并没有出战，而法比乌斯已对汉尼拔的战略了然于胸。

法比乌斯悄悄带领一支军队到达坎帕尼亚，攻下了3个城镇，并消灭了一部分迦太基守军，切断了汉尼拔的一部分后援。得手之后，法比乌斯又带着军队跟马尔克卢斯会合。会合之后，法比乌斯在大营中休整，而马尔克卢斯则带军队到达诺拉地区。他多次攻打萨谟奈，那里曾经支持过汉尼拔的城邦一时间受到了极大的震动。

老对手马尔克卢斯

萨谟奈地区的许多酋长，由于支持汉尼拔而经常受到马尔克卢斯的攻击。罗马军队每隔几天就要到他们的城邦去骚扰，这让当地的酋长们十分担心，恐怕哪一天罗马军队会攻破他们的城，将全城的人都杀光。他们纷纷向汉尼拔发去求救信，让他赶快派军队来消灭骚扰他们的罗马军队。

汉尼拔接到求救信之后，决定在诺拉地区布下战场，将马尔克卢斯的军队吸引到这里，并将他一网打尽。汉尼拔将大部队留在蒂法塔山，他自己悄悄带着一支军队到达诺拉城附近。正在这个时候，传来了一个对汉尼拔十分有利的消息——汉诺带着迦太基当局派来的生力军以及部分大象来到诺拉地区。

到了诺拉城下，汉尼拔发现这里的防卫比以前更加森严。要想在短时间内攻下这座城，不是一件容易的事情。诺拉城中的守军发现迦太基军队之后，马上将城门关起来。汉尼拔命令军队包围诺拉城，并且马上发动进攻，迦太基军队刚要往上冲，城门突然又打开了。

原来马尔克卢斯早就做好充分的准备。他带领着大队的罗马士兵从城门下冲了出来。汉尼拔立即迎战，迦太基军队和罗马军队在诺拉城下展开了一场血战。正在双方激战的时候，一场大雨突然下了起来。战斗被迫停下了，双方各自休战等待雨停。雨停之后，又大战了一场，双方还是没有分出胜负。

几天之后，迦太基军营的给养出现问题，汉尼拔派遣一部分士兵到周围去抢粮食。马尔克卢斯站在城头上，将迦太基军队的动向查看得一清二楚。他在城外，摆开方阵向汉尼拔下了战书。汉尼拔并没有示弱，马上带军队出了大营，跟罗马军队正面交锋。

在诺拉城前一块平坦的土地上，双方又展开了一场大战。由于是平地作战，迦太基军队的一举一动都被城上的罗马军队看得清清楚楚。汉尼拔只能跟罗马军队单打独斗。战斗一直进行了好几个小时也没有分出胜负。汉尼拔率军返回大营，而马尔克卢斯则回到诺拉城中。

从战役的角度上来说，汉尼拔和马尔克卢斯打成了平手，但是从战略上来说，迦太基军队已经处于不利的境地。如果一直这样消耗下去，早晚有一天，汉尼拔要失去在意大利作战的主动权，成为罗马军队的盘中餐。3天之后，由于军中的给养出现问题，汉尼拔军中1200名雇佣士兵投靠了罗马人。

这是汉尼拔进入亚平宁半岛以来发生的第一次士兵投敌现象。这件事反映出汉尼拔军队中雇佣军潜在的不稳定因素。汉尼拔意识到，如果不能短时间内打败敌人，当下的情形对罗马是十分有利的。因此汉尼拔果断决定，放弃诺拉城，并将蒂法塔山的军队也一起转移到阿普利亚准备过冬。

双方再次休战，法比乌斯在斯威苏拉地区休整，派军队将卡普阿人的口粮全部收割作为罗马军队过冬的军粮。马尔克卢斯返回罗马述职，森普罗尼乌斯带着军队进入阿普利亚，在那里建立大营监视汉尼拔的一举一动。整个的战争形势对汉尼拔越来越不利，他已经不能很轻易地取得胜利。

5. 汉尼拔受挫

公元前214年，罗马元老院选举法比乌斯和马尔克卢斯作为新一任的罗马执政官。罗马军队的20个军团全部投入到对汉尼拔的作战当中。虽然在这20个军团中有一半是新招募的士兵，但是其在数量上的优势是迦太基军队不能比的。

当罗马军团准备向卡普阿进发的时候，那里的人们十分害怕，他们担心罗马人进攻他们的城市。如果罗马人真的打过来，那么整个城市将会被夷为平地。卡普阿人十分恐惧，请求汉尼拔火速派兵来支援。

汉尼拔接到消息之后，马上带领军队从阿尔庇出发，重新回到位于蒂法塔山中的大营。一路上平安无事，并没有受到罗马军队的偷袭。即使是路过罗马军营所在地时,也没有士兵出来跟汉尼拔作战。到了卡普阿之后,他安慰了城中的人们,又留下了一支军队。

这支由努米底亚和伊比利亚士兵组成的军队,被称为卫戍部队,负责保护卡普阿城的安全,以避免它受到罗马人的攻击。卡普阿人见汉尼拔派来了援军,心中都踏实了下来。汉尼拔随后又带领大部队向普特奥里进发,准备拿下这座城以重创罗马。

祈求神助

在去普特奥里的路上,汉尼拔在路过的阿维尔努斯湖做了短暂的停留。阿维尔努斯湖在希腊和罗马人的文化中是一个十分神圣的所在,一般人是不允许来到这里的。阿维尔努斯湖的下面是一座死火山,湖水很深。相传湖底的火山口是通向地狱的大门。

汉尼拔马上命令雇佣军悄悄地从湖边过去,千万不可惊扰了湖中的精灵。汉尼拔的远征军正处在一个十分重要的关口,他不想因为自己的莽撞而给远征军以及自己带来厄运。他命人准备了一份丰厚的祭品,收拾了自己的装束,来到阿维尔努斯湖的湖边。

希腊神话中的人物奥德修斯就曾经来到过这里,并在这里见到过鬼魂。汉尼拔为自己有机会来到这里感到十分庆幸。按照当地的习俗,汉尼拔向这里的神灵奉上自己准备好的丰富祭品,以表达他对神灵的敬慕,并想通过这一次献祭得到神灵的护佑。

汉尼拔临时抱佛脚的举动并没有换来神灵的护佑。祭奠之后,他又带领军队向库迈、奈阿波利斯地区进发,并对沿途亲罗马的城镇进行不间断的骚扰。到了普特奥里城外之后,汉尼拔看到防卫森严,短期内不一定能攻打下来。既然已经到了这里,汉尼拔就摆下军阵命令士兵攻城。

由于普特奥里城防卫十分森严，城中的罗马士兵及其盟友的军队凭借着天然的屏障，迦太基军队连续攻打了三天也没有将这座城攻下来。汉尼拔军中没有大的攻城器械，再这样攻打下去，只能让迦太基军队遭受更大的损失。汉尼拔下令离开普特奥里城。

贝内文通战役

没有攻下普特奥里城，汉尼拔心中十分不安。更让他不安的是，在迦太基军队的周围，罗马军队的势力越来越强，而自己的军事力量却在一点一点地被削弱。这个时候，汉尼拔又想起来意大利南部的汉诺。于是汉尼拔下令让汉诺迅速赶过来，两军合并在一处，以增强军事实力。

汉诺接到汉尼拔的消息之后，带领着1200名骑兵以及约17000名步兵火速向北部地区挺进。军队到达贝内文通的时候，遇到一支罗马军队。这支罗马军队正是森普罗尼乌斯带领的罗马新军。这支由奴隶组成的军队共两个军团，他们见到迦太基军队之后，迅速开进城中。

森普罗尼乌斯派出侦骑打探迦太基军队的情况。当得知汉诺已经在附近扎下大营之后，森普罗尼乌斯带领一支军队向汉诺开去，到了距离迦太基大营一英里的时候，他也扎起了一座大营。到了第二天，森普罗尼乌斯向奴隶士兵承诺，不管是谁，只要能斩下一颗敌军的脑袋，就可以获得自由。

森普罗尼乌斯首先摆下军阵，等待着迦太基军队的到来。汉诺欣然接受了森普罗尼乌斯的挑战，带领迦太基军队，冲出大营跟罗马军队打在一起。战役进行了四个多小时还没有分出胜负，双方处于胶着状态。

由于罗马军队中大部分是奴隶，为了获得自由，罗马士兵都着急去砍迦太基士兵的脑袋，一旦砍下一个，就用右手提起来。当罗马士兵左手提着挂牌、右手提着人脑袋的时候，他们一点战斗力也没有了。

森普罗尼乌斯看到之后，才意识到这是刚才自己的承诺导致的。因此他又下达命令，不管奴隶士兵有没有砍下敌人的脑袋，战役结束后他们都会获得自由。虽然罗马士兵不再提脑袋，但是双方还是没有分出胜负。

森普罗尼乌斯改变战术，让罗马骑兵在前面冲锋，但还是被迦太基军队打了回来，罗马军队仍没有取得胜利。眼看战场的形势对迦太基军队越来越有利，森普罗尼乌斯情急之下，又想出了一个办法。他向奴隶士兵下达命令，这一仗如果没有打败迦太基军队，奴隶就不能得到自由。

这个办法果然取得了非常好的效果，奴隶们为了得到人身自由，拼命向迦太基军中冲去。最后罗马人终于打败了汉诺，迦太基军队乱作一团向大营败去。罗马军队乘胜追了下去，一直追到第二天才停了下来。汉诺收拾自己的军队，在布鲁提翁地区驻扎下来，查点人数休整军队。

汉尼拔等待着迦太基援军，苦等了很久也没有等到。他又一次带兵去攻打诺拉城，那里许多人还是十分崇拜汉尼拔。马尔克卢斯守卫在诺拉城，那里的防卫得到进一步的加强。迦太基军队和罗马军队又在城下打了一仗，仍是没有分出胜负，汉尼拔又一次攻城失败。

多次进攻诺拉城却没有拿下来，这极大地挫伤了迦太基远征军的锐气。罗马人的士气开始慢慢高涨，那些支持汉尼拔的人也重新考虑自己的未来。没有外援的支持，汉尼拔的日子越来越不好过。

第七章　西班牙与意大利

1. 塔兰托之战

塔兰托位于亚平宁半岛的东南方，是一个十分重要的意大利港口。早在汉尼拔路过阿维尔努斯湖的时候，就有几个塔兰托人找到汉尼拔，要求他赶快到那里去。那里的人民已经不堪忍受罗马人的压榨。如果汉尼拔带迦太基军队到达，那里的人民一定会打开城门，热烈地欢迎汉尼拔，并把他接进城里去。

汉尼拔早就想占领这座城市，当塔兰托人向他求助的时候，汉尼拔觉得自己的好机会来了。如果真能轻易攻下塔兰托，对自己的远征战略将会有十分重要的意义。眼前攻打诺拉的战役，再持续下去也不一定会对自己有利。于是，汉尼拔决定暂时放弃攻打诺拉，向南去夺取塔兰托。

汉尼拔带领军队离开坎帕尼亚，法比乌斯马上就得到消息并趁机攻打卡西利农，遭到迦太基军队的顽强抵抗。法比乌斯又向马尔克卢斯求救，请求他派兵支援，一起攻打卡西利农。马尔克卢斯迅速带领一支军队赶到卡西利农。两支罗马军队联合起来攻打卡西利农迫使迦太基军队弃城投降。

汉尼拔带着军队向塔兰托进军。一路上，仍然是烧杀劫掠，快到塔兰托的时候，汉尼拔命令全军不得再烧杀劫掠，以给塔兰托人留下一个好印象。汉尼拔在城外约一英里的地方将迦太基大营扎下来。不过，让他没有想到的是城里并没有一点儿动静，城门也没有打开。汉尼拔意识到，事情可能有变。

塔兰托城

在汉尼拔向塔兰托挺进的时候，罗马的舰队司令已经得到准确的情报，迦太基人要攻占塔兰托。舰队司令带着军队从水路到达塔兰托，接管了那里的守卫工作。所有守城的军队都换成了他带来的士兵。城里心向迦太基的人，无法及时打开城门，从而使他们跟汉尼拔的约定无法兑现。

汉尼拔在塔兰托城外等了好些日子，还是没有看到对自己有利的情况。由于给养供应存在问题，汉尼拔带着军队离开塔兰托返回阿普利亚，到萨拉皮亚扎下大营，准备在那里度过冬天。这一年，对于汉尼拔来说，基本没取得太大的胜利，战局仍然处于僵持状态。

在汉尼拔出征塔兰托的时候，罗马军队在阿普利亚和萨谟奈地区陆续收复了一些城镇，虽然数量不多，但是对罗马军队来说，这一年还是取得了一定的胜利。冬天到了，法比乌斯率领军队到斯威苏拉扎营过冬，而他的儿子则带着两个军团的兵力在距离迦太基大营不远的地方过冬，以监视迦太基人的动向。

森普罗尼乌斯到达卢卡尼亚地区过冬，马尔克卢斯在诺拉地区过冬，汉尼拔处于罗马军队的严密监控之下。到了第二年，即公元前213年，小法比乌斯和森普罗尼乌斯被罗马元老院选举为新执政官。罗马军队虽然拥有二十万之多，跟迦太基军队的4万相比，在数量上占有绝对的优势，却不敢轻易挑战。

法比乌斯曾经出兵攻打阿尔庇，虽然他占据了一个城门，但是并没有完全攻进城里去。罗马军队和迦太基军队在城中展开了激烈的巷战，双方都无法彻底打败对方。无奈之下，双方只有谈判停战。

法比乌斯见一味强攻不行，就想了别的办法试图劝服阿尔庇城中的伊比利亚人放弃守城投靠罗马人。由于阿尔庇城中的生存状态越来越差，所以有许多的伊比利亚人投敌。这引发了迦太基军队中伊比利亚人的叛乱。罗马军队趁机向城中的迦太基军队喊话，只要他们不镇压伊比利亚人，罗马人就放他们出城。

城中的迦太基守军坚持不住，只好答应罗马人的条件将城中的伊比利亚人放出来，而后他们离开阿尔庇。汉尼拔得到阿尔庇失守的消息之后，并没有去收复那里。因为他知道，跟罗马的征兵集团作战，即使取得胜利，自己也会遭受很大损失。汉尼拔又将目光放到了塔兰托。

攻下塔兰托

公元前213年夏，汉尼拔再次向塔兰托进军。这一次他较为成功。当初塔兰托与罗马结盟时，有一批塔兰托人质被带往罗马。这些人质企图逃跑，但被捉回处决。塔兰托人派出一群人以打猎为名出城，跟汉尼拔接触。双方约定，塔兰托人将汉尼拔放入城中，条件是迦太基军队必须保障塔兰托人的权利。

在接下来的几天里，塔兰托人的首领菲雷梅努斯每天晚上都出城跟迦太基人接触，商量具体的作战计划。每次他回去都吹口哨让门卫打开城门。汉尼拔派一小队努米底亚骑兵故意从罗马人的视线中走过。罗马人马上派兵去追赶，在他们去追赶努米底亚骑兵的时候，汉尼拔就将主力向城下运送。

当罗马军队的指挥官将努米底亚骑兵赶走之后，汉尼拔的主力已经完成了部署。这一天，汉尼拔跟着菲雷梅努斯来到城门口。菲雷梅努斯想办法吸引罗马卫兵，迦太基军队趁机冲进城去。就在同一时间，城中的塔兰托人杀死城里的守卫，打开塔兰托的城门放迦太基军队进入塔兰托。

汉尼拔和他的军队看到城门被打开，立即冲入城中。战斗打了一夜，到了第二天天亮，只剩下一个临地中海的城堡还在罗马军队的控制之下，其他城堡都被汉尼拔占领。这个城堡中的罗马军队拼死抵抗，迦太基军队无法将它占领。由于这个城堡受到罗马舰队的支持，从水路输送给养一时平安无事。

汉尼拔留下军队守卫塔兰托，自己带领大军回阿普利亚过冬。到了第二年，即公元前212年，汉尼拔又来到塔兰托继续攻打最后一个城堡，还是没有将它攻下来。就在汉尼拔攻打最后一个城堡的时候，亚平宁半岛南部的梅塔蓬图姆、图里以及赫拉克利亚主动投靠了迦太基，这让汉尼拔十分高兴。

2. 卡普阿失陷

汉尼拔为了得到塔兰托进行了较长时间的战斗。当罗马的新执政官孚尔维乌斯·弗拉库斯和阿皮乌斯·克劳狄乌斯·普尔凯上任之后，罗马人决心收复卡普阿。他们先是切断卡普阿的粮食补给，甚至不让卡普阿人种粮食。卡普阿人向汉尼拔求救。汉尼拔并不愿意离开塔兰托，派遣汉诺去帮助解决粮食问题。

汉诺筹集了大量的粮食打算运到卡普阿。可是，在他快到达卡普阿的时候，被孚尔维乌斯偷袭。不但粮食丢失，迦太基军队也受到重创，汉诺只好回到布鲁提翁。卡普阿人第二次求救，汉尼拔派努米底亚骑兵绕开罗马军队，成功进入到卡普阿城中。

之后不久，罗马军队到达坎帕尼亚平原，着手抢收那里成熟的粮食。卡普阿军队和努米底亚骑兵突然偷袭罗马军队，打了他们一个措手不及，罗马军队被迫退回到大营。孚尔维乌斯命令将大营扎在卡普阿附近，以杜绝这种偷袭再次发生。

就在罗马人关注卡普阿的时候，汉尼拔突然出现在卡普阿城对面的蒂法塔山。在罗马军队没有任何察觉的时候，汉尼拔冲过罗马人的防区进入卡普阿城中。汉尼拔的到来，受到了卡普阿人的热烈欢迎。

卡普阿城

3天之后，汉尼拔带领军队突袭罗马人的军营，双方正在战斗的时候，战场之外来了一队骑兵。战斗双方都不清楚这支骑兵到底是哪一方的援军，因此都停止战斗。当知道是科尔涅利乌斯带来的罗马援军之后，汉尼拔没有再主动进攻罗马军队。罗马军队在远离卡普阿的地方驻扎下来。

汉尼拔在卡普阿进行了短暂停留，他并没有在附近找到粮食，在解了卡普阿之围之后，汉尼拔又带领军队返回塔兰托，以防止罗马人再次占领那座城。汉尼拔离开之后，罗马军队又重新回到卡普阿，并以重兵包围了那里，一只鸟也不让从城里飞出去。

公元前211年3月，罗马新执政官上任，对卡普阿采取了更加严酷的措施。卡普阿人的生存状况比之前更加恶劣。卡普阿人想办法将一名信使派了出去向汉尼拔求救。汉尼拔得到消息之后，马上率一支精锐军队以及33头大象赶到卡普阿城。

在卡普阿城下，有超过六万的罗马士兵将这座城层层围起来。

罗马军队躲在坚固的工事中,就是不出来跟迦太基军队交战。由于数量的差距太大,汉尼拔不能强攻。卡普阿周围的地区由于连年战火已经筹集不到粮食,汉尼拔决定佯攻罗马城,以迫使卡普阿城下的罗马军队撤退。

为了稳定卡普阿城中的人心,汉尼拔在离开卡普阿去攻打罗马城之前,派了一个信使告诉城里的人,他要去打罗马城以解卡普阿之围。汉尼拔的策略很好,但是没有取得成功。

卡普阿的陷落

汉尼拔在进攻罗马的过程中,故意将声势造得很大,在沿途所经之处,大肆烧杀劫掠,以引起罗马人的注意。汉尼拔刚一动身,消息就传到了罗马城,罗马城中一下子慌乱起来了。

虽然罗马城中有4万军队,后勤补给等一系列资源都比汉尼拔的军队强大。但是,当汉尼拔到达罗马城下的时候,罗马城中陷入了从未有过的恐慌。男人们纷纷登上城头保卫罗马城,女人们则跑到神殿之中,用自己的头发打扫神殿的地面,以祈求神灵能保佑罗马城。

为了形成更大的恐慌,汉尼拔向罗马城中投掷标枪。罗马守军见迦太基军队真的向罗马城发动攻击,误认为卡普阿的罗马军队已经被汉尼拔消灭。而汉尼拔正是想通过罗马城的慌乱让卡普阿的罗马军队回援。由于汉尼拔的给养不足,他只在罗马城下停留了几天。

几天之后,汉尼拔预计包围卡普阿的罗马军队已经在回援罗马城的路上。他就在一天夜里悄悄地撤出罗马城。但是,汉尼拔在撤退的时候,有一支罗马大军跟在他的后面,以防止他有针对罗马城的阴谋。等汉尼拔到了卡普阿的时候，才发现这里的罗马军队根本没有去救援罗马城，他的计划完全失败了。

汉尼拔先是停在卡普阿城的外围，将跟在他后面的罗马军队击退。虽然他作战还是十分勇猛，但是汉尼拔心里十分清楚，卡普阿城注定要落入罗马军队的手里。汉尼拔果断地撤出卡普阿地区，向卢卡尼亚和布鲁提翁一带进发。汉尼拔出奇兵，突然到达勒久姆，但是罗马人早就派了重兵保护这里。

汉尼拔发动了几次进攻，都没有在这里站稳脚跟。卡普阿城中的人感觉到已经被迦太基人抛弃。他们仍坚持派信使向汉尼拔求救，但是信使被罗马人俘虏。罗马人将信使的两只手都砍了下来，又将信使送回卡普阿城以引起城中的混乱。

卡普阿城在罗马军队的围困之下，已经变成了一座死城。无奈之下，卡普阿向罗马投降，元老院的有些元老为了保住名誉服毒自杀。那些没有服毒自杀的元老，在罗马军队攻进城之后，将自己的财物全部交给罗马人，希望罗马人能留他们一条命。但是，罗马人还是将他们全部杀死。

卡普阿城的其他居民被罗马人赶出去各自逃命去了。罗马人在城中建立了政权，对这座城实行军事管制。失去卡普阿城之后，汉尼拔的战略远征开始走向失败。没有了卡普阿城，汉尼拔在坎帕尼亚地区就失去了立足之地。迦太基控制的其他城邦早晚会被罗马人攻陷。

从战略上来说，汉尼拔的策略是正确的，之所以会有这样的结果，完全是因为迦太基当局没有按照约定将汉尼拔所需要的增援送到。汉尼拔心里十分清楚，迦太基当局并没有一颗完全征服罗马的雄心。更要命的是，迦太基当局担心汉尼拔真的占领亚平宁半岛之后，会对他们的利益造成威胁。

卡普阿之战以后，局势对汉尼拔越来越不利。他清除罗马城外围的战略也越来越成为一种幻想。卡普阿之战是一个转折点，是罗马人开始反攻的转折点，是迦太基雇佣军走向失败的转折点。

3. 哈斯德鲁巴尔与汉诺

卡普阿战役失败之后，汉尼拔在亚平宁半岛的形势对迦太基雇佣军越来越不利。给养以及兵源补给等问题，已经严重影响了汉尼拔的作战行动。罗马人似乎已经从之前的失败中吸取了教训，他们不再被动地等待着迦太基军队来进攻而让自己遭受巨大的损失。

公元前218年，罗马元老院选举出新一届的执政官。老西庇阿看到了汉尼拔的弱点，他派自己的弟弟格奈乌斯·大西庇阿带领一支军队到达西班牙，在那里攻打迦太基军队。而他则带领军队，到达亚平宁半岛北部地区，在波河流域跟汉尼拔作战。

格奈乌斯·大西庇阿带领两个罗马军团，从水路到达西班牙北部，在一个叫恩波连姆的地方登陆。恩波连姆是马西利亚十分重要的商业中心，马西利亚是罗马的同盟国，格奈乌斯·大西庇阿选择在那里上岸，是为了给自己的作战行动寻找更大的成功机会。

西萨之战

在恩波连姆的南面，就是迦太基军队驻守的西萨。驻守西萨的是汉尼拔的弟弟汉诺，那里约有1万名迦太基士兵。汉尼拔在离开西萨的时候，给他留下了许多的辎重，以保证汉诺能坚守住西萨。格奈乌斯·大西庇阿在恩波连姆做了短暂的休整之后，带领罗马军队向南进发攻打西萨。

在进行了一场激烈的战斗之后，汉诺最终没有战胜格奈乌斯·大西庇阿，西萨重新落入罗马军队的手里。汉尼拔留在那里的大量辎重也被罗马军队抢走。汉尼拔的退路被罗马人切断，如果迦太基军队想要退出亚平宁半岛，就必须再经历一场大的战役，而且取得胜利之后才能顺利离开。

西萨失守的消息，没有多久就传到新迦太基城。汉尼拔的另一个哥哥哈斯德鲁巴尔，带领迦太基军队迅速向西萨城赶去，但是当他到那里的时候，西萨已经被完全控制在罗马手里。哈斯德鲁巴尔跟罗马人打了几场战役，也没有重新夺回西萨。

为了保住迦太基军队的有生力量，哈斯德鲁巴尔在西班牙再也没有跟格奈乌斯·大西庇阿正面作战。两个月之后，罗马军团控制了北起恩波连姆、南至伊比鲁斯河之间的广大地区。在塔拉科地区建立了一个牢固的基地，为下一步在西班牙的作战提供了可靠的根据地。

塔拉科之战

公元前218年的冬天，为了重新夺回迦太基在西班牙的优势，哈斯德鲁巴尔制订了夺回塔拉科的作战计划。到了第二年春天，哈斯德鲁巴尔水陆并进向塔拉科进发。哈斯德鲁巴尔在伊比鲁斯河口聚集了40艘战舰，外加一支迦太基军队，准备跟罗马军队大战一场，重新夺回塔拉科的控制权。

哈斯德鲁巴尔在伊比鲁斯河口建立了一个坚固的营地，抵挡来自罗马军队的突袭。格奈乌斯·大西庇阿对攻打迦太基大营没有必胜的把握，经过再三考虑之后，他决定在海上跟迦太基军队作战。格奈乌斯·大西庇阿带领最精锐的罗马水军，乘坐35艘战舰离开塔拉科向伊比鲁斯河挺进。

由于迦太基舰队的实力远不如罗马军队，这在第一次布匿战争的时候就已经分出了胜负。开战不久迦太基舰队就受到了重创。两艘迦太基战舰被击毁，随后又有4艘迦太基战舰被击伤。

眼看迦太基舰队就要被罗马军队全部消灭，士兵们开始恐慌。迦太基士兵调转船头向岸边驶去，希望免于被罗马军队杀死。迦太基舰队到达浅滩上，士兵们立即向岸上逃命。罗马舰队追至浅滩，将迦太基军队放弃的25艘战舰全部据为己有。罗马军队没有再追上岸的迦太基逃兵，而是去抢战舰。

罗马军队将25艘迦太基战舰拖回塔拉科，由此罗马军队在西班牙掌握了水上作战的绝对优势。哈斯德鲁巴尔见大势已去，自己再在西班牙坚持也只会带来更多的损失。无奈之下，他只好返回新迦太基城，等待机会重返西班牙。

海战胜利的消息传回罗马，极大地振奋了罗马的军心。这个时候正是特拉西梅诺湖之战，罗马惨败给汉尼拔。虽然罗马城人心不稳，但是罗马元老院还是决定扩大在西班牙的战果。如果罗马能在西班牙战场取得胜利，而后进攻迦太基本土，罗马之围就会自然化解。

尽管罗马城的形势很危险，但是罗马元老院还是给西班牙战场派出了援兵和给养。老西庇阿带领20艘战舰，8000名罗马精锐士兵以及大量的给养从水路跟格奈乌斯·大西庇阿会师。到了公元前217年秋天，大西庇阿兄弟两个人带着罗马军队直接打到了迦太基本土。

大西庇阿兄弟虽然前进很快，但是他们意识到力量薄弱，不足以直接打败迦太基。如果不加准备地进攻很有可能会遭受毁灭性的打击。因此，大西庇阿兄弟在到达萨贡托的时候停下来准备过冬。为了加强自身的实力，他们尝试跟西班牙人谈判，希望他们与自己达成共识，共同攻打迦太基人，但是没有成功。

公元前216年，大西庇阿兄弟在伊比利亚进行了一系列的策反活动，没有主动向迦太基军队发动进攻。哈斯德鲁巴尔又带领军队跟反叛的西班牙人作战，他也没有主动去进攻罗马军队，双方再没有大规模正面作战，就这样，僵持了一年的时间。这让迦太基和罗马都有了一段喘息的时间。

公元前215年，迦太基当局担心罗马军队会威胁到迦太基本土的安全，派了一支援军去帮助哈斯德鲁巴尔。这让哈斯德鲁巴尔有了足够的兵力去跟罗马军队作战。哈斯德鲁巴尔带着援军渡过伊比鲁斯河向德尔托萨进发。哈斯德鲁巴尔赶到的时候，大西庇阿兄弟正在攻打德尔托萨。

4. 锡拉库萨之围

汉尼拔在亚平宁半岛的战争，虽然在初期一再打败罗马军队，在战略上占据了很大的优势。但是，由于他是孤军深入，兵源和补给都十分困难，常常因为后勤给养跟不上而不得不停下来寻找给养和兵源。几年下来，迦太基雇佣军的战斗力受到了极大的削弱。

对罗马来说，虽然受到了很大的创伤，但是它在亚平宁半岛上有着众多的同盟国。在战役失败之后，可以迅速补充足够的兵源以及给养。当双方进入战略对峙与争抢战略盟友的阶段，罗马人在地缘上拥有更强的优势。

罗马军队虽然在亚平宁半岛上一直处于被动的局面，但是他在伊比利亚半岛上却很顺利。相比之下，在西班牙，罗马军队抢夺迦太基的地盘，罗马人想将迦太基的势力压缩到非洲沿岸地区，以迫使汉尼拔从亚平宁半岛撤军。

德尔托萨战役

面对罗马军队的步步进逼，迦太基为哈斯德鲁巴尔派去了援军，想将罗马人赶出伊比利亚半岛。在德尔托萨地区，迦太基军队和罗马军队摆开了一个战场。双方的兵力数量差不多，大约都有25000人。

哈斯德鲁巴尔把迦太基军队摆开，军阵跟在坎尼之战中汉尼拔采用的很相似。非洲步兵摆在军阵的两翼，努米底亚骑兵摆在非洲步兵的前面，以便于形成有力的配合。军阵的中间是伊比利亚步兵，等待两翼发动进攻之后跟进一起冲击上去。罗马人的阵形还是三线方阵，但是加强了对两翼骑兵的保护。

哈斯德鲁巴尔先派骑兵冲击罗马骑兵，想等成功之后，再让伊比利亚步兵对罗马军队发动中线进攻，从而取得又一个大的胜利。但是罗马人早就有防备，他们加强对两翼骑兵的保护，中线主动向伊比利亚步兵发动攻击。

罗马步兵反过来包围和追赶努米底亚骑兵，哈斯德鲁巴尔被罗马军队打败。德尔托萨之战双方都损失惨重，但是胜利让罗马军队的斗志更加旺盛。

西西里之战

为了重新取得在地中海的话语权，迦太基军队发动了撒丁岛之战，但是没有成功。迦太基军队在地中海的存在能对亚平宁半岛造成更大的压力，为此，迦太基军队试图在西西里岛重新获得一个立足点。就在这个时候，锡拉库萨换了新的统治者。

新即位的希埃罗尼穆斯年龄很小，由他的姻亲摄政。迦太基抓住这一次机会，跟希埃罗尼穆斯签订条约。双方约定一起去进攻罗马，所得的金银财物全归锡拉库萨，迦太基只需要一些地盘。到了第二年的夏天，锡拉库萨军队做好了准备，还没有来得及攻打罗马人，国王希埃罗尼穆斯就被罗马人暗杀了。

国王一死，锡拉库萨立即陷入了混乱。罗马人趁着锡拉库萨处在混乱之中，派马尔克卢斯带着两个罗马军团从海上登陆西西里岛。随后罗马又派遣100艘战舰到达西西里岛，以加强罗马在那里的军事势力。罗马的这一行动，立即引起了锡拉库萨人的不满，他们担心罗马会吞并他们。

公元前213年，锡拉库萨人在选举新国王的时候，主张跟迦太基结盟的一派获胜。为了保护锡拉库萨的安全，希波克拉忒斯和埃庇西德斯被推举为大将军。春末的时候，马尔克卢斯带领罗马军队占领了锡拉库萨城，并将城中亲迦太基的人全部杀死，城中的财物被罗马人抢劫一空。

罗马人的暴行激怒了锡拉库萨城中的人民，人们自觉地武装起来，将亲罗马的锡拉库萨人全部杀死，声明锡拉库萨是迦太基的盟国，要誓死跟罗马人作战。

锡拉库萨之围

罗马为了重新夺回锡拉库萨，又从海上和陆地派来了大批的军队以及大量的攻城器械。人民的力量是巨大的，在锡拉库萨有一个强大的秘密武器——阿基米德。工程师和数学家阿基米德制造了许多武器和机关保护锡拉库萨。罗马人使用了所有可能采用的办法，还是没有将这座城攻下来。

迦太基为锡拉库萨的变化感到高兴，马上派出2.5万名步兵、3000骑兵以及20头大象，由希弥尔科带领赶到西西里岛，占领了包括阿格里真托在内的好几个城市。马尔克卢斯在内外夹击之下退出锡拉库萨城，转而去攻打西西里岛的其他地方。

迦太基觉得在西西里岛的力量还不够，又派希弥尔科跟希波克拉忒斯会合。但是，在阿克里莱地区，迦太基军队被打败，两支迦太基军队没有胜利会师。随后，罗马方面也派出4个军团增援马尔克卢斯。

公元前212年，马尔克卢斯顶住了来自锡拉库萨人的进攻，并攻下了锡拉库萨外围的许多地区。就在三方在西西里岛艰苦作战的时候，一场天灾帮助了罗马人。

瘟疫让成千上万的迦太基士兵和锡拉库萨士兵死去。就连希弥尔科和希波克拉忒斯也没有幸免。由于罗马军队的营地设在地势较高的地方，因此罗马的损失相对较小。即使在这样的情况下，罗马还是没能攻克锡拉库萨城。

公元前211年，迦太基为锡拉库萨城的军队输送补给。但是，鲍米尔卡在跟罗马战舰遭遇之后不敢迎战，命令舰队返回非洲，自己则带领战舰到达塔兰托。长期的围困使整个锡拉库萨城已经没有粮食和给养，而外面的救援迟迟不到，一名伊比利亚军官打开城门放罗马军队入城，锡拉库萨城陷落。

5. 大西庇阿兄弟

在经过两年的包围与反包围，攻占与反攻占之后，锡拉库萨被罗马军队攻克。潮水般的罗马士兵涌进锡拉库萨城中，肆意烧杀抢掠。自希腊人建立锡拉库萨城之后，已经历时三百多年，城中有许多的珍贵文物和艺术品。凡是能带走的，全部被罗马士兵带走，带不走的全部被破坏。

就连著名的数学家和工程学家阿基米德也被杀死。当罗马士兵冲进他的房间时，他正在思考一道关于几何的疑难问题。迦太基人对锡拉库萨城的一切努力都付之一炬。锡拉库萨的失守传到迦太基援军那里，正在前往那里的迦太基军队也停止行军，转而返回迦太基。

到了公元前210年，罗马人又收买城中的叛徒，攻破了阿格里真托。西西里岛完全处于罗马人的控制之下，迦太基势力被赶出了西西里岛。西西里由一个国家而变成了罗马的一个省，迦太基人想通过西西里岛进而扩大对罗马包围的战略构想完全失败。汉尼拔在亚平宁半岛将遭受更大的压力。

大西庇阿兄弟

公元前215年到公元前212年，这三年的时间里，罗马军队在亚平宁半岛以及西西里的形势虽然不是让人十分满意，但罗马人在西班牙的收获相对丰厚。大西庇阿兄弟一路冲杀，一次又一次击退迦太基军队，为罗马赢得了一份久违的民族自信心。

大西庇阿兄弟甚至一度打到迦太基人的实际占领区，这让迦太基当局充满了危机感。他们必须将罗马远征军阻挡在非洲大陆以北，以保证迦太基本土的安全。公元前216年，迦太基当局派马戈，也就是汉尼拔的哥哥，带领一支援军去支援西班牙。马戈的这支援军本来是要去支援汉尼拔的。

马戈带领步兵1.2万人、骑兵1500人、大象216头，以及战舰60艘，从迦太基出发去支援西班牙。到达西班牙之后积极准备对罗马的战役，这时候迦太基遭遇了努米底亚部落的反叛。几个实力较强的部落在西法克斯的带领下，联合起来公开反抗迦太基。哈斯德鲁巴尔带领一个军团的迦太基军队回到非洲。

看到迦太基军队有变动，大西庇阿兄弟抓住这个有利时机对西班牙境内的迦太基军队发动进攻。公元前212年，大西庇阿兄弟首先将萨贡托掌握在自己的手中，不久又攻下了卡斯图罗。位于西班牙南部的巴埃提斯河上游的卡斯图罗城是一个十分重要的战略要地。作为前进基地，罗马人对迦太基造成了更大威胁。

迦太基在西班牙近三成的土地掌握在罗马人的手中。这对迦太基当局造成了极大的压力，他们不得不采取措施重新夺回本应属于他们的势力范围。攻下卡斯图罗之后，大西庇阿兄弟将伊比利亚半岛上的军队全部分编到罗马军队之中。这极大地充实和壮大了罗马的军事实力。

卡斯图罗之战失败之后，迦太基当局决定重新收复失地，集结重兵向罗马人反扑。公元前212年，迦太基军队分三路重新向西班牙的罗马军队发动大规模的进攻。一路由哈斯德鲁巴尔带领，一路由马戈带领，还有一路由哈斯德鲁巴尔·吉斯戈带领。

公元前211年，迦太基军队以绝对的数量和作战能力向巴埃提斯河上游的罗马军队发动攻击。伊比利亚士兵看到迦太基军队又打了回来，估计罗马军队很难取胜，他们又反叛罗马军队，重新加入了迦太基阵营。这使得罗马军队受到两面夹击。

再经过了两次战役之后，罗马军队被彻底打败。大西庇阿兄弟也被杀死，只有少数的罗马军队逃到伊比鲁斯河北岸。他们在马尔基乌斯·塞普提穆斯带领下想要守住伊比鲁斯河北岸的地区，使这里处在罗马的统治之下。虽然迦太基军队暂时没有再去渡河攻打他们，但是罗马在西班牙的势力已经十分薄弱。

公元前211年的夏天，卡普陀之战的失利使得汉尼拔在亚平宁半岛的处境比之前更加的艰难。汉尼拔只能在亚平宁半岛的南部地区活动，这给了罗马更大机会和精力关注和经营在西班牙的战争。公元前211年秋天，凯乌斯·克劳狄乌斯·尼禄奉命率领一个军团的罗马军队进入西班牙。

尼禄将罗马军队驻扎在伊比利鲁斯河北岸，牢牢地将这个地区控制在罗马人的手里。这时迦太基军队正在招募新兵，无暇对新到的罗马军队发动进攻。这给了尼禄充分的时间培植和经营在伊比利鲁斯河北岸的势力。

大西庇阿

尼禄虽然在伊比鲁斯河北岸做了适合现状的军事调整，但是他并没有得到罗马元老院的认可。不久，罗马元老院又派来了一位新的指挥官主持西班牙的军备。这个人就是老西庇阿的儿子，我们称之为大西庇阿。大西庇阿到达西班牙这一年，他才二十出头。

大西庇阿在17岁就参加了提基努斯战役，相传他曾经将受重伤的父亲老西庇阿救出重围。大西庇阿带领步兵一万人、骑兵1000人，到达西班牙接替老西庇阿的职务。在西班牙有4个不满编的罗马军团在大西庇阿的率领之下。

冬天的到来让大西庇阿的军队有足够的时间进行休养，他也仔细地研究了当前的战况并制订作战计划。虽然迦太基在西班牙拥有三个军团，但他们却是分开的。

马戈的军队部署在直布罗陀一带，哈斯德鲁巴尔的军队在西班牙的中部地区，哈斯德鲁巴尔·吉斯戈的军团把大营建在处于西班牙南部的塔古斯河口。三个军团之间有着十分大的战略空隙，如果合理利用迦太基军队之间的不协作，将会给罗马军队带来很好的战机。

6. 决战西班牙

大西庇阿在寻找到作战机会之后，就着手穿过三路迦太基军队之间的空隙向新迦太基城发动进攻，以达到出奇制胜的战略目的。迦太基当局存在一个巨大的问题，对汉尼拔的远征，从一开始就有许多人反对。他们之所以勉强同意汉尼拔继续在亚平宁半岛作战，仅仅是为了得到物质财富。

大西庇阿在做了周密的计划之后，就马上带领着罗马军队向新迦太基城进发。新迦太基城是迦太基人在西班牙建立的一个重要据点，也是迦太基人在伊比利亚半岛权力的象征。如果大西庇阿真的攻下新迦太基城，那么很有可能迦太基在伊比利亚半岛的势力范围就会被罗马人取代。罗马人只要再进一步就能打到迦太基本土。

新迦太基城处于一个半岛之上，它的地理位置很独特，这座城易守难攻。它处在一个海湾之中，从陆地伸向海中的半岛将整个海湾分成两部分。靠近陆地的一部分，是一个十分浅的湖，里面基本不能行驶船。陆地通向这个半岛的唯一途径是一个十分狭长的地峡。从陆地上进攻新迦太基城是个几乎不可能完成的任务。

袭击新迦太基城

新迦太基城建在五座小山之上，地势十分有利于防守。大西庇阿十分清楚，要想攻下新迦太基城，必须在迦太基人没有任何防备的情况下，而且还要水陆两面夹攻才有胜算。如果迦太基军队事先做了充分的准备，那么罗马军队进攻新迦太基城无疑是自寻死路。

为了能让罗马军队的突袭有更多的胜算，大西庇阿花重金搜集关于新迦太基城的一切情报。不管是城内还是城外，只要是跟新迦太基城有关系的他都愿意花钱去买。在经过了一段时间的准备之后，大西庇阿终于如愿以偿，利用海湾涨潮时封锁整个水路通道，退潮时从陆地渡过浅湖攻击新迦太基城。

公元前209年的夏天，大西庇阿以最快的速度带领着罗马陆军完成了从塔拉科到新迦太基城的转移，出现在迦太基军队的眼皮底下。跟陆上转移同时进行的，是罗马的舰队从水上封锁了所有进出新迦太基城的船只，对陆地上的迦太基军队构成了一定程度的威胁。迦太基军队一下子手忙脚乱起来。

大西庇阿在迦太基军队没有任何反应的情况下就占据了从陆地通向半岛的地峡，切断了从陆地进入新迦太基城的通道。大西庇阿完成了攻占新迦太基城的第一步，从水陆两个方面将新迦太基城包围起来。第二天，罗马的战船趁着涨潮将整个海湾控制起来，从而完成了将新迦太基城变成孤城的战略目的。

大西庇阿带领罗马军队，第一次强攻新迦太基城，但是新迦太基城高大的城墙使得罗马军队一点儿优势也没有。到了下午，天气帮了罗马军队一个大忙。潮水突然退去，湖水变浅。罗马舰队先是从水路向新迦太基城发动猛烈的进攻，形成一种势在必得的气势。大西庇阿派了一支精兵渡过浅湖到达新迦太基城下。

当罗马军队到达城墙下面的时候，城上的士兵去攻击罗马舰队，城上竟然没有防御军队。几个罗马士兵借助云梯爬到城头，悄悄地溜进城中打开新迦太基城的城门。罗马军队一拥而进，占领了新迦太基城，守城指挥官向罗马人投降。

占领新迦太基城之后，大西庇阿知道自己不可能同时跟三支迦太基军队作战。于是，他留下一部分军队守卫新迦太基城，自己带着主力返回伊比鲁斯河。让大西庇阿感到高兴的是，三支迦太基军队竟然没有采取任何措施，而只是停在原地。

巴埃库拉战役

公元前208年，大西庇阿做了准备，他主动向迦太基军队发动进攻。他先去攻打哈斯德鲁巴尔，在卡斯图罗将哈斯德鲁巴尔打败。哈斯德鲁巴尔退到据点向马戈求救。大西庇阿意识到自己必须在迦太基援军到来之前将哈斯德鲁巴尔打败。

虽然哈斯德鲁巴尔的据点在地形上有着天然的优势，但是大西庇阿手下的罗马士兵数量要比迦太基军队多一万。大西庇阿先是以轻装步兵从正面向迦太基军队发动佯攻，将哈斯德鲁巴尔的注意力完全吸引到正面战场上来，罗马军队的重型步兵却从两侧向迦太基军队发动猛攻。

哈斯德鲁巴尔意识到罗马军队的意图之后，整个局势已经到了无法控制的地步。他把军队的给养和粮食悄悄向北移动，顺利地从罗马军队的包围中逃脱出来。哈斯德鲁巴尔到达北部山区，翻过比利牛斯山到达高卢人聚集的地区。

公元前207年，为了抵挡罗马人在西班牙的进攻，迦太基当局又派出一支军队支援马戈的据点。大西庇阿看到马戈这一路实力有所增强，他就将目光放到了汉诺的身上。在经过几场战役之后，汉诺的军队被打败，汉诺被大西庇阿抓住。马戈见形势对自己越来越不利，就带着大军到达西班牙北部，翻过比利牛斯山跟哈斯德鲁巴尔合兵一处。

伊利帕战役

马戈逃走之后，大西庇阿紧随其后，到了伊利帕地区，发现了迦太基军队的大营。大西庇阿刚扎下大营，马戈就带领着军队，向大西庇阿发动攻击。大西庇阿早就有所准备，他顺利地击退了迦太基军队的偷袭。之后的几天里，迦太基军队和罗马军队处于对峙状态，谁也没有主动发动进攻，而是等待着敌人先进攻。

这一天，大西庇阿终于不再等待，他首先向迦太基军队发动了进攻。罗马军队将队伍的两侧作为主要进攻力量，而伊比利亚雇佣军放在队伍的中间做后备力量。迦太基军队应战的时候已经处于危险之中。伊比利亚雇佣军被放在两翼，大象和非洲军团放在中央。

大西庇阿发动猛烈的进攻，迦太基军队的两翼被击退。在战斗过程中，大西庇阿采用汉尼拔的战术向迦太基军队发动进攻。在经过一场大战之后，迦太基军队被彻底打败。马戈和哈斯德鲁巴尔一路退到海边坐船逃走。剩下的迦太基军队大部分被罗马军队杀死，只有一部分投降的幸存下来。

伊利帕之战以后，迦太基在西班牙已经彻底失败，剩下的迦太基军队一点点被罗马人消灭。公元前206年的秋天，罗马人完全控制了西班牙，巨大的财富从西班牙运到罗马，使得整个战争的优势开始向罗马一边倾斜。

第八章　梅托汝斯河

1. 战争的残酷

公元前211年，虽然罗马军队取得了一定的胜利，汉尼拔被压制在意大利南部地区，但是罗马军队似乎还是没有足够的勇气和能力将汉尼拔彻底地赶出亚平宁半岛。甚至罗马军队仍然不敢在正面战场跟汉尼拔进行大规模的战役。

罗马军队在收复了萨谟奈和阿普利亚之后，又进行了几场小规模的战役。公元前210年，森图玛鲁斯带领罗马军团跟汉尼拔在阿普利亚进行了一场大的战役，结果罗马军队大败。罗马的两个军团在战役之中死伤大半，就连主帅森图玛鲁斯也被杀死。这更加深了罗马军队的恐惧感，更加不敢主动跟汉尼拔开战。

阿普利亚之战不久，汉尼拔又在维努西亚跟罗马军队进行了一场大战。此时，罗马军队的指挥官是马尔克卢斯。为了保存罗马军队的实力，马尔克卢斯根据双方的实际情况，不跟汉尼拔进行大规模的战役，而是采用灵活的战术，一点一点地消磨迦太基的战斗力。

对峙一段时间之后，汉尼拔抓住时机主动出击，这次战斗给罗马军队造成了一定的伤亡。虽然汉尼拔占了上风，但是并没有给罗马军队带来致命的伤亡。马尔克卢斯抓住时机，以休整为名将罗马军队撤出战区。虽然汉尼拔可以任意在意大利南部活动，但是没有再跟罗马军队进行过大规模的战役。

汉尼拔在亚平宁半岛的战争，对迦太基当局来说只是一场掠夺财富的游戏，对其胜利与失败本来就漠不关心。而对于罗马及其盟国来说，迦太基军队却给他们带了前所未有的灾难。罗马军队一向以强者自居，侵略和压迫别的民族。汉尼拔的强行介入，给罗马及其同盟国都造成了巨大的损失和灾难。

在亚平宁半岛上，一共有13块罗马的殖民地。到了战争的艰难阶段，曾经是罗马殖民地的两个城邦都不再按照罗马意志行事。罗马所提的要求，殖民地不再满足。罗马军队一次又一次的战争失利，当局不得不一次又一次增加税收以获取更多的钱，来为前线的军队发军饷。

汉尼拔的战略是将罗马城完全孤立起来，只要在外围的罗马盟国摆脱罗马的控制，这些解脱出来的城市，即使不站在迦太基一边，也必将会削弱罗马的实力。虽然汉尼拔的战略没有完全实现，但是他在罗马城周围进行的持续战争已经使罗马的号召力和国力大不如前。

罗马的情况很艰难，汉尼拔的情况就更加艰难。汉尼拔的远征军从西班牙出发之后，几乎没有得到过来自迦太基当局的增援。虽然迦太基当局在口头上表示会给远征军提供必需的给养，但是迟迟没有兑现。汉尼拔的远征军必须自己来解决遇到的实际问题。

汉尼拔的远征军并不是纯正的迦太基人组成的军队，而是许多雇佣士兵组成的。为了得到粮食和给养，他们不得不经常到不同的地方抢夺食物，几乎每一个他们到过的地方，都会很快变成难民营。所有能带走的东西和物资，雇佣军都不会放过。只有那些跟汉尼拔结盟的国家才能免于被掠夺的灾难。

连年的战争，使迦太基军队中作战能力特别强的士兵越来越少。汉尼拔不得不从就近的部落中为自己补充一些新兵。即使是这样一支军队,在汉尼拔的带领下也能发挥出很强的作战能力。士兵们对汉尼拔都十分爱戴,他们忠诚地效命于汉尼拔。

塔兰托陷落

公元前209年,汉尼拔曾经尝试重新夺回阿普利亚,但是并没有取得成功。他转而又向卢卡尼亚发动进攻,却在跟罗马执政官孚尔维乌斯·弗拉库斯的遭遇战中没有取得实质性进展,战局对汉尼拔越来越不利。为了打破罗马的包围,汉尼拔正在积极准备。

汉尼拔刚到达布鲁提翁,罗马执政官法比乌斯就包围了塔兰托。消息传到汉尼拔耳朵里,他立即起兵去救塔兰托。法比乌斯有两个军团以及35艘战船。汉尼拔还没有到达那里,塔兰托城中守将就打开城门向罗马人投降了。

法比乌斯长期以来为了避免跟汉尼拔进行大规模的战斗,一直在避其锋芒,忍气吞声。这一次取得胜利,法比乌斯再也抑制不住自己激动的心情。他命令罗马士兵在塔兰托城任意抢掠。城中所有能带走的财富都被罗马军队带走。城中的30000多名平民都被当成奴隶卖到罗马去。

汉尼拔在去塔兰托的路上就得到城已经被罗马占领的消息。他转而向梅塔蓬图姆前进,以吸引法比乌斯离开塔兰托城,将罗马军队诱入自己的圈套之中以重新夺回塔兰托。法比乌斯十分谨慎,汉尼拔没有回援塔兰托而是向梅塔蓬图姆前进,他已经意识到这其中必有原因。

在不能决断的情况之下,法比乌斯向神请求,得到的是一个十分不祥的神签。他没有派罗马军队去追赶汉尼拔,而是装作根本不知道汉尼拔在塔兰托城附近活动。神签对于罗马人来说,是一个十分重要的指示。这也许是法比乌斯故意安排的,他的目的就是让罗马人不去追汉尼拔,以减少不必要的伤亡。

汉尼拔知道法比乌斯不会离开塔兰托城之后就悄悄离开了,去为冬天的到来做相应的准备。到了第二年的夏天,罗马执政官昆克提乌斯·克里斯庇努斯带领罗马军队到达意大利南部的洛克里,企图占领那里。

汉尼拔得到消息之后,立即带兵向那里进发。克里斯庇努斯知道自己打不过汉尼拔,于是,他赶忙带着军队跟另一位执政官马尔克卢斯会合,以壮大罗马军队的实力。这个时候,马尔克卢斯正在维努西亚地区。

两支罗马军队的总兵力在40000人以上,在相距不到三英里的地方,罗马军队扎起了两座大营。而汉尼拔当时的总兵力只有不到20000人。汉尼拔将军队带到罗马军营的南面大约三英里的地方。

为了防止罗马军队的偷袭,汉尼拔不断地移地自己的军队,罗马人不清楚他的下一步行动,不敢贸然发动偷袭。因为兵力的悬殊,汉尼拔也不敢向罗马军队发动进攻。双方又一次陷入了对峙,这对罗马军队虽然不是一件好事情,但是在无形中帮助了罗马军队。

2. 哈斯德鲁巴尔

两座罗马军营跟一座迦太基军营,每个军营位于一个角上,呈现出三角的形状。在离三个军营距离差不多的地方有一座小山。经验丰富的汉尼拔一下子就意识到这座小山对这一场战役的意义。他派了一支努米底亚骑兵迅速占领了这座小山，准备在关键时刻痛击罗马军队。

罗马军队竟然丝毫没有察觉迦太基军队隐藏在小山之上，但马尔克卢斯也意识到这座小山在接下来的战役中将会起到很关键的作用，于是他带领一支小分队到小山进行实地考察。由于罗马执政官的衣着十分华丽，埋伏在山上的努米底亚士兵很容易就认出他是罗马的执政官。

马尔克卢斯正要进入一片树林的时候，埋伏在那里的努米底亚骑兵，突然向罗马军队发动攻击。马尔克卢斯当场被杀死，跟着他一起出来的克里斯庇努斯也受了伤。克里斯庇努斯扔下马尔克卢斯的尸体突围，回到罗马大营。克里斯庇努斯马上下令，罗马军队从这个区域之中撤离，以避免更大的损伤。

几天之后，克里斯庇努斯死去。汉尼拔用计，以马尔克卢斯的名义向拉皮亚的守军写了一封信，想使城里的士兵打开城门。但是，城中已经知道马尔克卢斯死亡的消息，他们没有上汉尼拔的当。

洛克里被包围，由于兵力不足，需要从塔兰托调一部分军队过去。汉尼拔得到消息后，就在半路上设下埋伏，将支援的罗马军队挡在半路。一场恶战之后，罗马军队被消灭大半，只有少数罗马士兵逃回塔兰托，关起城门，不敢再轻易出来。

诈取拉皮亚的计策没有成功，汉尼拔又将目光放到了洛克里城上。洛克里城被罗马军队包围，汉尼拔带着援军赶到洛里克城下。洛克里城中的守军看到汉尼拔带领援军赶到，立即率领城中的士兵冲出来，两面夹击罗马军队。在腹背夹击之下，罗马军队全线溃败,逃到战舰之上,离开洛克里。

哈斯德鲁巴尔

公元前208年到公元前207年的冬天,哈斯德鲁巴尔从西班牙战场上败退,带着剩下的两万军队到达了高卢。他的战略目的是到达亚平宁半岛跟汉尼拔会合。如果两支迦太基军队能够顺利会合,那么在亚平宁半岛上的罗马军队将会更难立足。罗马人一下子慌张起来,他们必须阻止两军会合。

新上任的罗马执政官克劳狄乌斯·尼禄和马尔库斯·李维乌斯·萨利那托尔各自带领一个罗马军团,严密监视着汉尼拔的一举一动。尼禄的军团主要在亚平宁半岛南部活动,而李维乌斯则在中北部地区活动。

李维乌斯对哈斯德鲁巴尔的一举一动都特别关注。他将自己的据点设在纳尔尼亚地区,这样他可以随时向哈斯德鲁巴尔发动突然袭击,以将其挡在亚平宁半岛之外。在伊特鲁里亚有两个罗马军团,由泰伦提乌斯·瓦罗带领;在阿里米农也有两个罗马军团,由波尔基乌斯·利基努斯率领。

罗马军队在亚平宁半岛一共有15个军团的兵力。这对罗马是一个沉重的负担。除了罗马城本身的罗马公民之外,罗马还从其盟国招募了许多男丁作为后备兵力。据相关的统计数据,当年罗马城中男丁的数量只有13.7万多人。

从整个战略上来看,汉尼拔在亚平宁半岛的战争已经极大地消耗了罗马的国力。而迦太基军队中,大部分都是雇佣军,虽然有一定数量的损失,但是基本不是迦太基本国人。如果哈斯德鲁巴尔能跟汉尼拔会合,将有可能给罗马带来更加深重的灾难。

哈斯德鲁巴尔在高卢人的帮助之下，没有遭遇什么大的困难就顺利地翻过阿尔卑斯山到达了波河地区。他沿途新招募了一批高卢士兵，壮大了自己军队的实力。哈斯德鲁巴尔攻打普拉森提亚没有成功，他顺着东海岸向南部地区进发。罗马军队在得到哈斯德鲁巴尔的消息之后也做出了行动。

李维乌斯急忙与波尔基乌斯合兵一处，罗马军队在塞纳加利卡地区扎下大营，他们准备将哈斯德鲁巴尔堵截在塞纳加利卡地区。汉尼拔面临着两线作战的局面。除了保卫意大利南部的根据地之外，还要照顾到哈斯德鲁巴尔，避免他被罗马大军吃掉。

罗马军队频频对汉尼拔施加压力，想迫使他陷入两线作战的局面。汉尼拔不断地调整军队的部署。在进行了两次小规模的战役之后，他在卡努西翁停下来，等待着哈斯德鲁巴尔的到来。哈斯德鲁巴尔派人将自己的行军计划以书信的方式传递给了汉尼拔。

哈斯德鲁巴尔用迦太基文字将自己的实际情况写得很明确，他派出6名骑手到阿普利亚给汉尼拔送信。信使到了那里之后，却得知汉尼拔已经离开去了梅塔蓬图姆。信使转而向梅塔蓬图姆进发，却在半路被罗马军队抓住。克劳狄乌斯得到书信之后，立即派人交给尼禄。

汉尼拔还不知道哈斯德鲁巴尔的行动计划已经完全被罗马人掌握。尼禄马上制订了一个大的作战计划，他命令全军出发去攻打卢卡尼亚。他又请求罗马元老院，将卡普阿的军队调回罗马城驻守，将那里的机动兵力全部运送到纳尔尼亚。一切安排好之后，尼禄率领精锐部队出发了。

快到目的地了，尼禄才告诉他的士兵这一次行军的目的，不是要去卢卡尼亚，而是要去跟李维乌斯会合阻击哈斯德鲁巴尔。7天之后，尼禄的军队跟李维乌斯会合了。为了不引起迦太基军队的注意，尼禄没有扎营，而是在李维乌斯的营中休息。

到了第二天，罗马军队奔出大营跟哈斯德鲁巴尔对阵。哈斯德鲁巴尔听到罗马军营中有两种不同的号角声，立即意识到罗马有援军。当罗马军队向他挑战的时候，他关闭营门不迎战。

当天夜里，哈斯德鲁巴尔悄悄带着军队向弗拉米尼亚的大路而去，但是由于天黑，迦太基军队没有找到前进的大路，这给他的行军带来了很大的麻烦。到了第二天，哈斯德鲁巴尔仍然没有找到出去的路，罗马军队的机会来了。

3. 汉尼拔调整战略

哈斯德鲁巴尔意识到罗马方面有援军到来，马上终止了自己原来的作战计划。哈斯德鲁巴尔带领他的军队来到地势相对较高的地方，准备扎下自己的大营。尼禄见哈斯德鲁巴尔不出来迎战，他带领骑兵随后追了上来。不一会儿，波尔基乌斯也带领罗马军队追了上来。

波尔基乌斯后面紧跟着李维乌斯。罗马军队排好队形，准备跟哈斯德鲁巴尔大战一场。哈斯德鲁巴尔被逼无奈，只好排开军阵准备跟罗马军队作战。迦太基军队的左翼是一支由高卢人组成的部队，哈斯德鲁巴尔将他们放在悬崖上面，用来抵挡尼禄带领的罗马军队。

迦太基军队的中线由利古里亚人组成，在队伍的前面排列上大象，用于抵挡波尔基乌斯带领的罗马军队。哈斯德鲁巴尔带领从伊比利亚带来的军队，在队伍的右翼抵挡李维乌斯带领的罗马军队。对垒双方都做好准备，一场大战已经不可避免。

梅托汝斯河战役

罗马军队主动发起攻击，哈斯德鲁巴尔依靠大象向罗马军队展开反击。罗马军队依靠着灵活的机动性，使得迦太基军队的大象受到了重创。受惊的大象在迦太基军队内横冲直撞，许多士兵因此丧命。虽然迦太基军队受到大象的破坏，但是仍然跟罗马顽强作战。

尼禄看到双方混战，一时间也不能分出胜负。罗马军队无法攻击悬崖上的高卢军队。尼禄带领一支军队，从罗马军队的后面绕到战线的左侧，突然向迦太基军队的后卫和右翼发动突袭。迦太基军队一时间陷入混乱之中，战线开始败退。罗马军队趁势追杀。迦太基军队被斩杀无数，哈斯德鲁巴尔彻底失败。

哈斯德鲁巴尔看到迦太基军队失败已经成为定局，拿起手中的武器，骑着马冲进战场上，直到战死。史学家对其评价是"至死犹斗，不愧为哈米尔卡之子、汉尼拔之兄"。在梅托汝斯河战役之中，迦太基军队到底死了多少人，没有确切的统计数据，但是哈斯德鲁巴尔的军队，已经不再对罗马构成威胁。

哈斯德鲁巴尔的失败，给汉尼拔在亚平宁半岛的处境带来了更大的压力。在之后的几天里，尼禄急行军，重新回到意大利南部地区。当尼禄到达意大利南部之前，汉尼拔并不知道哈斯德鲁巴尔已经失败，并且死在乱军之中。

尼禄重新回到汉尼拔的视线中，他将哈斯德鲁巴尔的头用器械抛到汉尼拔的营中。直到这个时候,汉尼拔才知道梅托汝斯河战役迦太基军队全军覆没。极度悲伤中的汉尼拔知道自己已经陷入了孤立无援的地步,他被迫撤退到布鲁提翁保存仅有的一点儿军事实力。

罗马军队取得开战以来第一次巨大的胜利。消息传到罗马城,到处是欢呼雀跃的场景。在经历过这么多年的失败之后,罗马军队终于全歼了一支迦太基军队,罗马军队对于迦太基军队的种种恐惧也减少了许多。

汉尼拔调整战略

当亚平宁半岛的局势对迦太基军队越来越不利的时候,汉尼拔仍然坚持着自己的梦想。他仍然相信,只要再经过几年的战争,将亚平宁半岛全部拖入到战争的泥潭之中,亚平宁半岛的人们必将联合起来一起反对罗马。这个时候,迦太基军队一举消灭罗马的机会就会到来。

梅托汝斯河战役的失败,使得汉尼拔彻底明白,他在亚平宁半岛的战略已经彻底失败了。汉尼拔的兵力在渐渐减少,他所控制的区域也在一天天的缩小。直到这个时候,汉尼拔完全将希望寄托在迦太基当局身上,希望迦太基的援军能早一天到来。

汉尼拔在亚平宁半岛坚持了一段时间之后,迦太基当局的援军仍然没有一点儿消息,这也让汉尼拔意识到更大的危险正在一步一步向他靠近。他在亚平宁半岛的失败已经成为定局,而更让他担心的是,罗马军队很有可能直接进攻迦太基本土,迦太基亡国的时间已经越来越近了。

汉尼拔在现实的重压之下调整了自己的战略,他不再一味向罗马发动进攻。公元前207年之后，汉尼拔坚守他在意大利南部地区的地盘，一面等待着可能永远不会来的迦太基援军，一面尽可能壮大自己的实力，对罗马军队造成一定的牵制和威胁，使罗马军队不敢贸然向迦太基本土进军。

汉尼拔的战略目标，从完全消灭罗马再到牵制罗马的兵力以求得罗马与迦太基和谈。显然，在罗马开始一步步占据战争的主动权以后，迦太基已经不可能有机会跟罗马平起平坐。汉尼拔的新战略只是自我安慰罢了。

公元前206年，亚平宁半岛上没有什么大的战争。汉尼拔已经没有实力向罗马发动大规模的战争，而罗马出于对汉尼拔的畏惧之心，也没有主动去进攻迦太基军队，双方处于对峙的状态之中。罗马的元气在一点点地恢复，而汉尼拔的外围战略空间却越来越少。

汉尼拔在布鲁提翁地区将当地的农田利用起来，一边发展生产，一面继续招募和训练军队。处于困境之中的汉尼拔的才能仍然没有被磨灭，虽然他已经被压缩在意大利南部地区，但是他的军队并没有发生混乱。西班牙一步一步被控制在罗马人的手中后，迦太基当局担心的只是西班牙。

迦太基当局的不作为，给汉尼拔的战略带来了很消极的影响。如果迦太基当局能意识到亚平宁半岛的胜利和失败会决定迦太基是否会亡国，那么对汉尼拔的支援早就会到达。迦太基当局对意大利的战局从来都不太关心，他们关心的只有财富。这对汉尼拔来说，是人生最大的不幸。

当西班牙的主要资源和矿产被罗马人控制之后，迦太基的实力也在一天天地变弱，等待它的将是亡国的命运。汉尼拔保存着亚平宁半岛上迦太基最后的希望，去拯救一个将要灭亡的国家。战争使汉尼拔一天一天成长，使他成为独一无二的战神；同时也将汉尼拔一步一步送到死亡的边缘。

4. 罗马人入侵非洲

公元前206年，亚平宁半岛上的罗马军队和迦太基军队都进行了一年的战略休整。虽然那个时候罗马军队已经占有很大的优势，但是他们坚持认为，主动跟汉尼拔作战肯定会带来新一轮的巨大伤亡。罗马军队仍然采取对峙与消耗战术，在战略上对汉尼拔实行孤立和挤压。

汉尼拔在意大利的势力已经被挤压到南部地区，实际控制的范围在逐渐地减少。为了保存迦太基在意大利的军事实力，以对罗马造成一定程度的牵制和影响，汉尼拔发展生产，自己解决粮食和给养问题，又在附近区域招募新的士兵，以达到自己新的战略构想。

公元前205年，大西庇阿在伊比利亚半岛将迦太基人赶了出去。大西庇阿成为罗马新的英雄，他被召回罗马城，受到罗马人民以及元老院的嘉奖。大西庇阿一回到罗马城就被推举为新一届的罗马执政官。大西庇阿雄心勃勃地表示，他将带领军队打到非洲，打到迦太基本土去。

打到非洲去

当罗马人民听到大西庇阿的计划后，纷纷表示支持，希望他早日打到非洲，攻进迦太基城，让它变成罗马的殖民地。虽然罗马人民非常支持大西庇阿，但是有许多元老跟大西庇阿有不同的见解。他们认为，应该先在亚平宁半岛上将汉尼拔以及其剩余的军队消灭，然后再进攻非洲。

以法比乌斯·马克西穆斯为代表的反对派，主张必须先在亚平宁半岛上将汉尼拔消灭，然后再去进攻非洲，不会有后顾之忧。如果没有消灭汉尼拔之前就冒险进攻非洲，汉尼拔必然会卷土重来。到那个时候，亚平宁半岛上的局势将会发生不可预测的变化，这对罗马来说是十分危险的。

大西庇阿在元老院中，以种种现实为依据对自己的战略进行辩护。他认为虽然汉尼拔在亚平宁半岛还有一定的军事实力，但是已经不能对罗马造成大的威胁。汉尼拔一直在等待来自迦太基本国的援兵和给养，但是一直没有等到。如果罗马军队能尽快攻入非洲，迦太基国内必然会恐慌。到那时候，迦太基必然会调汉尼拔回国来阻挡罗马人的进攻。

汉尼拔及其军队作战能力虽然很强，但是迦太基国内却没有什么真正能作战的将军和军队。迦太基没有罗马人的坚毅和战争动员能力。汉尼拔听到罗马人攻入非洲的消息，就没有心思再留在亚平宁半岛。

只要他撤退，罗马军队随后追杀，亚平宁半岛将不会再有迦太基雇佣军。罗马的战略目的达到以后，可以集中绝对的优势兵力攻打迦太基本土，最终将迦太基变成罗马的殖民地，彻底消除迦太基对罗马的威胁。这要比在亚平宁半岛跟汉尼拔作战效果好得多。

大西庇阿在罗马元老院成功地为自己的战略计划辩护，得到元老院的支持。大西庇阿分到了两个罗马军团的兵力来实施他远征非洲的计划。大西庇阿得到的两个罗马军团正是参加坎尼之战的军团。坎尼之战失败之后，他们一直驻守在西西里岛。罗马元老院授权大西庇阿可以实施自己的计划。

大西庇阿意识到，如果自己不向罗马索要钱粮，罗马元老院是不会阻止自己实施远征非洲的战略的。为了增强自身的实力，大西庇阿又招募了7000名士兵。他利用罗马盟国的力量，在45天之内建造完成了30艘战船。当战舰准备好之后，大西庇阿就加紧训练罗马军队，期望早一天开始他攻打非洲的征程。

迦太基援兵

大西庇阿在训练罗马军队的时候得到一条利好的消息，洛克里城中正在酝酿一场叛乱，城中的亲罗马势力想将城献给罗马人。大西庇阿马上进行了更加细致的侦察，当确信在洛克里城的两个卫城之中将会有一座城归降罗马之后，大西庇阿迅速前往占领了一座卫城。

洛克里城本来在汉尼拔的控制之下，大西庇阿占领了一座卫城，如果动作迅速，很快就会将整个城都攻占下来。汉尼拔得到消息之后，马上带军队到达洛克里城，意图重新夺回这座城。与此同时，罗马援军从海上跟到了洛克里地区，准备跟汉尼拔作战。

当汉尼拔意识到城中的居民已经不再支持迦太基之后，他决定放弃这座城。如果汉尼拔强攻洛克里城，必将受到罗马军队的顽强抵抗。这个时候，如果布鲁提翁的罗马军团也向他发动攻击，汉尼拔很有可能全军覆没。汉尼拔撤退之后，另一座卫城马上向罗马人投降。汉尼拔在意大利又失去了一座城。

罗马人在伊比利亚半岛的扩张让迦太基当局十分担心，他们意识到意大利战场对迦太基的重要性。如果不削弱罗马在西班牙的军事优势，罗马军队就有可能打到非洲。当局立即派出一支由汉尼拔的哥哥马戈带领的援军去亚平宁半岛支援汉尼拔，以对罗马造成更大的打击，从而使罗马没有时间和精力威胁迦太基本土。

当年夏天，迦太基的援军到达意大利，这又给汉尼拔带来了一丝希望。马戈率领30多艘战船，带领4000多名士兵在意大利北部的利古里亚上岸。马戈上岸之后马上占领了热那亚，并从高卢人那里得到了许多新兵源。

马戈刚一上岸，就落入罗马军团的监视之中。瓦勒里乌斯·莱维乌斯带领两个军团的罗马士兵在阿雷提翁地区监视着马戈的一举一动。李维乌斯带领4个军团的罗马士兵在阿里米农驻守，对马戈随时造成巨大的威胁。但是，两个罗马军团并没有向马戈发动进攻，这给了马戈喘息的机会。

梅托汝斯河战役的失败让马戈变得更加谨慎，不敢贸然进攻。虽然他得到了迦太基当局的增援，补充了6000多名士兵以及800骑兵和7头大象，但是在情况不明之下，他没有采取下一步的行动以保存迦太基在意大利的军事实力，他在等待好的机会作战。

5. 向非洲进军

大西庇阿是一个有战略头脑的军事家，他在认真研究迦太基和罗马的战争时，蓦然发现了汉尼拔的秘密。在战争初期，汉尼拔之所以能取得一个又一个的胜利，是因为罗马的许多盟国和殖民地在背后支持汉尼拔，这使罗马军队处于四面受困的危局。后来汉尼拔的失败是因为支持他的人越来越少。

罗马要想打败迦太基，首先要做的就是从战略上将迦太基完全孤立起来，将迦太基的盟国和殖民地尽可能多地拉向罗马这一边，这必然导致迦太基陷入被动。罗马再趁机发动军事进攻，一定能取得事半功倍的效果。大西庇阿在没有出兵之前，就已经想到如何从战略上压制迦太基。

汉尼拔是一个军事天才，这一点大西庇阿知道，自己在具体战术上跟汉尼拔无法比较。在大西庇阿没有正式进攻非洲之前，他不想让汉尼拔有任何的察觉。如果自己的行动被汉尼拔发觉，迦太基人就会有所准备，那时候可能罗马军队就会陷入被动局面。大西庇阿派一部分罗马军队不断地骚扰汉尼拔，造成一种假象。

努米底亚人

大西庇阿在出发攻打非洲之前，先展开了一轮大的外交攻势，凡是跟迦太基有关系的非洲国家，大西庇阿都进行了联络。能拉拢到罗马一边的尽可能拉到一边，不能拉拢的只要他们不帮助迦太基，对罗马来说也是盟友。大西庇阿跟努米底亚人建立了同盟关系，约定共同跟迦太基作战。

马赛西里国是努米底亚人建立的国家，国王西法克斯达曾一度向迦太基称臣，后来又宣布独立不再跟随迦太基。哈斯德鲁巴尔活着的时候，知道马赛西里国对迦太基的重要性。为了联合西法克斯达一起对抗罗马，他打算将自己的女儿嫁给西法克斯达，以换取其对迦太基的支持。

哈斯德鲁巴尔的女儿索福妮丝芭是一个非常美丽的女人，西法克斯达看到这样一位如花似玉的美人，当下就答应跟迦太基结盟。

当迦太基军队在西班牙和意大利渐渐陷入失败境地的时候，西法克斯达又背弃了罗马，重新支持了迦太基。

马西里是努米底亚人建立的另一个国家，它的位置处于迦太基和马赛西里之间。大西庇阿跟马西里的王子马西尼萨的关系进展得十分顺利。早在大西庇阿在西班牙作战的时候就跟马西里的王子接触过。当时马西尼萨就答应大西庇阿全力支持罗马人，一起攻打迦太基。

当大西庇阿再次跟马西尼萨接触的时候，双方一拍即合，马上订下一个合约。马西尼萨之所以如此痛快就接受了罗马人的条件，是因为他幼时是被西法克斯达和迦太基赶出马西里的，沦落为一个没有国土的王子。他早就想重新回到自己的土地上，罗马人的到来给了他新的希望。

为了表示对罗马人的尊敬，马西尼萨将自己手中仅有的一支骑兵献给了大西庇阿。这支骑兵虽然数量不多，但是战斗力很强，这正是大西庇阿所需要的。他十分高兴地全部收下，并答应会帮助马西尼萨复国。

向非洲进军

公元前204年的春天，大西庇阿远征非洲的准备工作已经全部到位。他带领着两万五千多人的军队分乘四百多艘运输船，在四十余艘战船的护送之下向非洲进军。由于迦太基军队在海上已经遭受重创，因此罗马军队没有遇到大的阻击就抵达了法里那角。在一个叫作乌提卡的地方上岸，乌提卡距离突尼斯湾很近，罗马军队在这里上岸之后不久，就得到马西尼萨的接应。马西尼萨带着他的200骑兵来到大西庇阿的军中，为了表示对罗马的忠诚，马西尼萨亲自带着骑兵，将一支迦太基骑兵引诱到罗马人设下的伏击圈中并将其全部消灭。

虽然大西庇阿成功在非洲登陆，但他知道，自己这一支军队跟迦太基的军队相比，数量还是十分少的。他带着这一支两万多人的罗马军队一路向乌提卡进发。先扫除了乌提卡外围的一些地区，为自己补充了给养和兵源。安定下来之后，罗马军队开始从陆地和海上一起向乌提卡进发，并包围了那里。

这时的大西庇阿，跟在亚平宁半岛的汉尼拔遇到了同一个问题。由于没有大型的攻城器械，大西庇阿虽然包围了乌提卡，但是40多天过去了，还是没有将乌提卡打下来。正在大西庇阿久攻不下的时候，西法克斯达带领一支数量庞大的军队来到了乌提卡。西法克斯达拥有步兵50000名、骑兵10000名。

一支数量庞大的军队就在大西庇阿附近扎下大营。大西庇阿意识到自己的处境，他迅速离开了乌提卡，以避免罗马军队全军覆没。大西庇阿离开西法克斯达的大军，在乌提卡东面的一个小岛上建立了自己的大营准备过冬。在这个小岛上，他可以随时与迦太基和乌提卡通信。

虽然大西庇阿主动撤出了战斗，但是迦太基以及其盟国的军队就在离他不远的地方。冬天到了，双方都按兵不动。大西庇阿为了瓦解迦太基以及西法克斯达的同盟，不断派人去跟西法克斯达接触，说服他放弃跟迦太基的同盟，转而跟罗马人结盟。西法克斯达提出的条件是，罗马人退出非洲。

大西庇阿假意跟西法克斯达进行谈判，暗地里却在制订新的作战计划。在派人谈判的时候，大西庇阿每次都派不同的人去，让他们暗暗记下关于迦太基军营以及西法克斯达军营的一切情况。

当大西庇阿的情报搜集工作进展得十分顺利之后，他又派人告诉西法克斯达，他本人同意西法克斯达的和平条件，但是罗马军事会议不同意他这么做。只有西法克斯达脱离迦太基并跟罗马结盟，军事会议才允许罗马军队撤出非洲。否则，任何协议对罗马来说都是不可能接受的。

大西庇阿之所以一而再再而三地跟西法克斯达谈判，就是看准了他是一个摇摆不定的角色。虽然他现在帮助迦太基人，但是在迦太基人的心中还是对他有着很强的戒备心理。西法克斯达一次又一次跟罗马人接触，时间一长肯定会导致迦太基人的怀疑。分化迦太基和西法克斯达的关系对罗马十分有利。

第九章 扎马之战

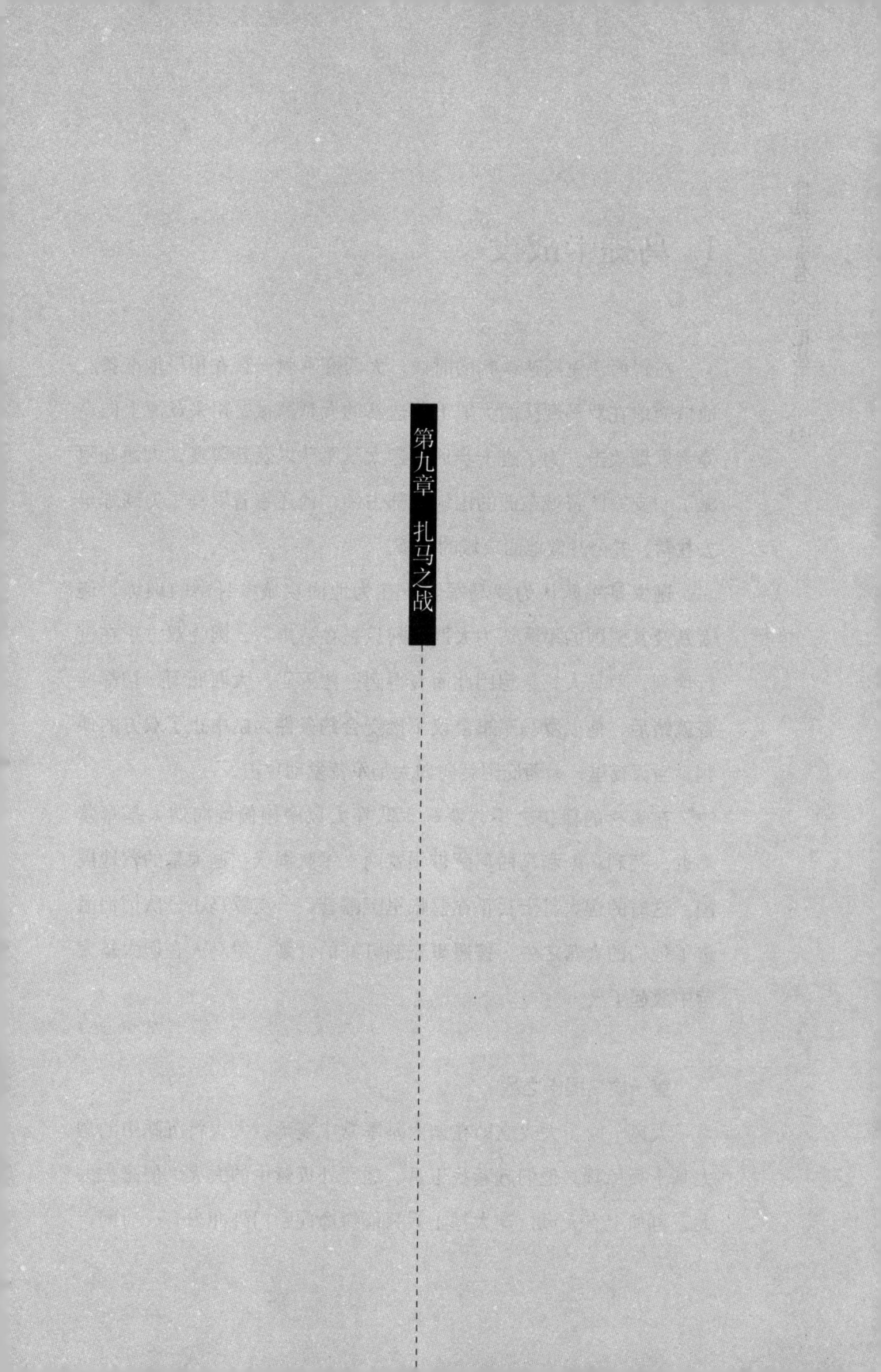

1. 乌提卡战役

在跟西法克斯达谈判的时候，大西庇阿就一直在积极地准备。他悄悄地在罗马舰队的大船上制造新的大型器械，用来从海上向乌提卡发动攻击。为了进一步迷惑迦太基军队以及其盟友，大西庇阿派了一支军队将城东面的山地全部占领，他还带着罗马主力到那里去扎营，并公开做地面攻城的训练。

迦太基军队认为罗马军队正在为地面攻城做日常的训练。迦太基及其盟国的军队认为大西庇阿只是在造声势，因为双方正在进行谈判，罗马人只是想因此而多得到一些筹码。大西庇阿一切都准备就绪后，他以罗马军事会议不接受合约条件为由中止了双方的谈判。当天夜里，大西庇阿就向迦太基军营发动攻击。

在黑夜的保护之下，罗马军队在大风中偷偷地向迦太基军营靠近。莱利乌斯和马西尼萨带领着两支军队埋伏在迦太基的营地周围。这时的迦太基士兵正在营帐里沉睡着，一支罗马小分队悄悄潜进了他们的大营之中。按照事先制订好的计划，罗马人在迦太基大营中放起了火。

第一次乌提卡之战

大风一吹，大火立即在迦太基军营中蔓延。大火将沉睡中的迦太基士兵惊醒。他们赶紧找工具，想要扑灭营中的大火，但是火太大，再加上有大风，迦太基士兵只能拼命向营门外冲去。一时间，几万迦太基士兵同时向营门外冲去。当他们争先恐后地向营门逃命时，埋伏在那里的努米底亚骑兵已经在等着他们。

马西尼萨带领着努米底亚骑兵向混乱中的迦太基士兵冲去，许多还在恐慌中的迦太基士兵在没有任何准备的情况之下就被杀死。驻扎在附近的军营发现了大火，立即派人赶过去施救。慌乱之中竟然没有带任何的武器，他们根本没有意识到大火是罗马人放的。

早已经埋伏在哈斯德鲁巴尔·吉斯戈军营的大西庇阿，将没有武器的迦太基士兵全部杀死。大西庇阿估计着时间差不多了，带领罗马军队攻进吉斯戈大营。大西庇阿再次采用了火攻。

罗马军队在吉斯戈大营放起大火，惊惶之中的迦太基士兵及盟国士兵有的被大火烧死，有的被罗马士兵杀死。西法克斯达和吉斯戈发现情况不对，走出营帐之后才发现问题的严重性。但是，他们已经不能控制整个局势，只好带领着剩下的士兵逃出罗马人的包围。

吉斯戈大营损失约四万名士兵，这对大西庇阿来说是一个非常好的消息，他取得了进入非洲以来第一个大的胜利。吉斯戈一路逃跑，退到一个叫昂达的地方，他还不放心自己的安全，担心大西庇阿会追杀过来，一直退到迦太基城才收住脚。第一次乌提卡之战，以大西庇阿的胜利而暂时结束。

西法克斯达一退回自己的国境之内，便在边境的一个小城中驻扎下来。本来西法克斯达帮助迦太基只是去凑个热闹而已，没想到大败而归，这让他再次有了放弃继续战斗的想法。索福妮丝芭知道了之后，就来到西法克斯达的跟前，带着一串串晶莹的泪花向西法克斯达哭诉着，劝自己的丈夫不要放弃迦太基，不要将她的国家置于危险的境地之中。罗马人的大火不仅烧毁了迦太基的大营，而且也烧毁了西法克斯达的大营。罗马人之所以愿意和谈,只是为了离间西法克斯达跟迦太基之间的友情。如果跟他们和谈,到最后必然被罗马人消灭。

正在西法克斯达犹豫不决的时候,一批从西班牙退回来的伊比利亚士兵又向其哭诉了罗马人如何在西班牙残杀他们的同胞。西法克斯达下定决心站在迦太基一边,共同对抗罗马人。又过了几天,西法克斯达和哈斯德鲁巴尔·吉斯戈又一次聚集,重新招募了30000多名士兵,准备再次跟罗马人作战。

第二次乌提卡战役

大西庇阿一路追击迦太基及其盟军到达了乌提卡城外,准备强攻这座城。当他得到吉斯戈与西法克斯达正在组织新的军队,准备跟罗马人进行一次大规模战争的消息后,大西庇阿立即离开乌提卡城,走之前留下一定数量的罗马士兵,继续假装攻城。大西庇阿带着罗马主力一路追击吉斯戈和西法克斯达。

大西庇阿想在迦太基新军真正形成战斗力之前就将其消灭。双方又开始了新一轮的搏杀,在刚开始的三天里只是进行了小规模的冲突。到了第四天,双方将主力摆开阵势准备决一死战。

大西庇阿把罗马骑兵放在了队伍的右侧,直接跟努米底亚骑兵交锋,左侧是马西尼萨的骑兵,直接跟迦太基骑兵对阵。罗马步兵则在队伍的中间,跟伊比利亚步兵交锋。迦太基的骑兵一直是作战能力很强的,在以往的战斗之中,罗马的骑兵似乎只是一种摆设。

大西庇阿在乌提卡战役之中,成功地将罗马骑兵的实力发挥出来,努米底亚骑兵和迦太基骑兵在交锋之中败下阵来。骑兵的失败,直接将迦太基队伍的两翼暴露在罗马步兵的面前。罗马步兵从两翼向迦太基军队发动猛攻，伊比利亚步兵抵挡不住，被罗马步兵斩杀无数。迦太基军队又一次打了败仗。

吉斯戈和西法克斯达又一次被大西庇阿打败，率领着残存的士兵逃出战场。吉斯戈逃回迦太基城，西法克斯达逃回自己的王国。第二次乌提卡战役的胜利，给了大西庇阿更多的机会和信心。他迅速将迦太基城周围的城镇全部控制在罗马军队的手中。在经过短暂的休整之后，大西庇阿将迦太基城包围了起来。

对迦太基人来说，如果大西庇阿再进行一次战斗，就很有可能将整个迦太基城攻陷。迦太基人在恐慌中都将希望寄托在了汉尼拔的身上。随即派使者往亚平宁半岛，让汉尼拔立即回国拯救迦太基城。

迦太基当局意识到罗马舰队所带来的潜在威胁，悄悄派了一支舰队去攻打围困乌提卡城的罗马舰队。大西庇阿的哨兵发现了情况后，立即报告大西庇阿。大西庇阿马上带领军队撤回，拯救自己的舰队。在迦太基舰队没有到达之前，大西庇阿的舰队已经做好准备，在损失了6艘运输船之后，最终击败迦太基舰队。

2. 汉尼拔告别意大利

迦太基及其盟友的军队被罗马军队打败之后，西法克斯达带领少量的残兵逃回自己的王国中。大西庇阿并没有放弃对他的追赶，他派莱利乌斯和马西尼萨带领一支罗马精兵紧随其后，一路追杀西法克斯达。进入到努米底亚之后，西法克斯达感觉来到了自己的地盘，主动展开反击。战役失败之后，他本人也被抓住。

西法克斯达被抓以后，最高兴的人要数马西尼萨了。他带着西法克斯达来到首都锡尔塔，让城上的守军打开城门马上向他投降。锡尔塔城中的居民拒绝向马西尼萨投降。马西尼萨将西法克斯达押到城下让城上的守军看，告诉他们国王已经被抓起来了。马西尼萨又让西法克斯达讲话，告诉城上的守军打开城门。

刚开始西法克斯达拒绝劝他的臣民打开城门向马西尼萨投降。但是，在死亡的威胁之下，西法克斯达为了保住自己的性命就劝城上的守军打开城门放下武器，马上向马西尼萨投降。城上的守军见国王被人家抓起来了，命令他们打开城门，只得奉命打开锡尔塔的城门，马西尼萨没有一点儿伤亡就进到了锡尔塔城中。

政治与爱情

马西尼萨见城门打开，带领着自己的军队迅速进入城中，派亲信接管城中的战略要地，而他则直接来到王宫之中，准备将自己的根据地设置在西法克斯达国王的皇宫之中。马西尼萨在皇宫之中见到了美丽的皇后索福妮丝芭。

索福妮丝芭是迦太基人，为了保住自己的性命，她恳求马西尼萨不要将自己交给罗马人。马西尼萨见到一个美人哭哭啼啼地恳求自己，心一下子就软了下来。他盯着索福妮丝芭，心中生出一种无限的怜爱。他觉得这样的美人应该归自己所有，而不是西法克斯达或者罗马人。

努米底亚人是一个多情的民族，索福妮丝芭的美丽打动了马西尼萨，他已经忘记了自己是一个胜利者，而索福妮丝芭只是自己的一个奴隶。为了迅速占有索福妮丝芭，防止她被罗马人带走，马西尼萨立即跟索福妮丝芭成婚。没有举行大的仪式，只是象征性地举办了一个婚礼，以免引起罗马人的注意。

莱利乌斯得知这件事情之后，虽然极力反对，但已经成为事实，他也没有再多说什么。马西尼萨说服莱利乌斯，不要将索福妮丝芭和西法克斯达押给大西庇阿，以避免锡尔塔城中的居民发动大的暴动，影响整个征服非洲的事业。

莱利乌斯见马西尼萨十分诚恳，就同意了他的要求，没有将索福妮丝芭和西法克斯达押给大西庇阿。马西尼萨对莱利乌斯千恩万谢。锡尔塔的战事完结之后，莱利乌斯和马西尼萨又带领着军队去征服其他城市。

天下没有不透风的墙，锡尔塔的事传到大西庇阿的耳朵里，他对莱利乌斯和马西尼萨的做法十分失望。大西庇阿知道，索福妮丝芭是一个十分聪明的女人，如果罗马不把这个女人除掉，她很有可能像策反西法克斯达国王一样，会再次将马西尼萨策反，这将会对罗马军队非常不利。

大西庇阿马上传递消息，表达自己对他的失望。大西庇阿指示，索福妮丝芭和西法克斯达已经是一对亡国的皇室夫妻，他们属于罗马人民，应该立即押回罗马接受罗马人民的审判。他们两个人的命运应该由罗马人民来决定，而不是由马西尼萨来决定。马西尼萨的算盘落空了，大西庇阿不承认他和索福妮丝芭的婚事。

马西尼萨接到大西庇阿的消息，心中十分烦闷，躲在自己的帐篷里寻找解决的办法，直到最后他也没有想到合适的办法。无奈之下，他派人给索福妮丝芭送了一杯酒，并写了一封信，告诉他自己很想跟她度过余生，但是罗马人逼迫他，他也只能遵守诺言，不会将她活着交给罗马人。

看到杯中的酒，索福妮丝芭已经明白了。她告诉送信的人，丈夫不再要她了，她会很高兴地离开这个世界。如果知道这么快便会死去，她是不会再次结婚的。索福妮丝芭端起杯子，一口气将杯中的酒全部喝了下去。索福妮丝芭只是迦太基的一颗棋子，只是她的死没有改变迦太基即将灭亡的命运。

汉尼拔回国

就在大西庇阿一步一步向迦太基城逼近的时候，亚平宁半岛上的汉尼拔也正在一步一步陷入到绝境之中。公元前203年，马戈翻过亚平宁山脉到达波河地区。马戈刚到波河，瓦鲁斯的4个罗马军团就向马戈发动进攻。虽然罗马军队在数量上占有绝对的优势，但是马戈带领的军队是一支战斗力很强的军队。

马戈的大象战队将罗马的骑兵冲散，他指挥骑兵一步一步向罗马人展开了反击，罗马军团渐渐由攻而转为守。只要再坚持一些时间，罗马军团就会全线溃败。正在这个时候，马戈却受了伤，不能再指挥战斗，迦太基军队的士气一下子低落了下去。马戈被士兵抬着撤离战场返回利古里亚。

马戈回到利古里亚之后，迦太基当局派来的使者赶来，告诉他罗马人包围了迦太基城，命令他马上回国救援迦太基城。马戈带领军队乘坐运输船返回迦太基，可惜在途中因为伤口恶化而死去。马戈的死对迦太基和汉尼拔都是巨大的损失，但是对罗马来说是一个好消息。

汉尼拔待在布鲁提翁，他被4个军团的罗马士兵牵制着，不能轻易离开。罗马人慢慢地将失去的城镇一个一个收复回来。除了一些小的冲突之外，双方没有进行过大的战役。汉尼拔手中的兵力越来越少，他不能再去做大的冒险活动。罗马也对汉尼拔心有余悸，他们只是一天天地消耗汉尼拔。

公元前203年冬天，汉尼拔见到了迦太基当局派来的使者，告诉他迦太基城危在旦夕，让他马上回去救援迦太基城。汉尼拔在接到这个消息之后，只能离开亚平宁半岛，回迦太基本土去救援即将灭亡的迦太基。15年的远征，最后还是以失败告终，这对汉尼拔是一个十分沉重的打击。

如果迦太基当局能兑现自己的承诺，在最需要的时候为汉尼拔派去援军和给养，那么战争的失败者一定是罗马，而不是迦太基。

3. 回到非洲

大西庇阿将战场放到了非洲，迦太基城外围的战略空间一点一点都被罗马人占领。迦太基人急忙召汉尼拔回国，希望他能够力挽狂澜，让迦太基得到重生。公元前203年，大西庇阿再次带兵到达迦太基城下。迦太基城被罗马军队围困，眼看就要有亡国的危险。

这个时候，迦太基城中的主和派占据了当局中的大多数。一些既得利益者为了保护自己的个人利益，纷纷表示愿意跟罗马人进行谈判。迦太基元老院在众多主和派的压迫之下不得不派使者出城去跟大西庇阿谈判。迦太基人在大兵压境的情况之下，显示出了其民族性格中十分软弱的一面。

大西庇阿见到迦太基的使者，心中十分高兴，他故意羞辱迦太基的使者，表现一种十分强硬的姿态：罗马人只要再进行一场小小的战役，就可以冲进迦太基城，将城中的迦太基人全部杀光。迦太基人既然主动向罗马人求和，可见你们还是有一定的自知之明。为了表示罗马人的友好，迦太基人必须接受以下条件……

和平谈判

大西庇阿在进行了短暂的思考之后，为休战提出了七个条件。

第一个条件：迦太基军队必须无条件从亚平宁半岛撤军，并放弃在伊比利亚半岛上的一切权力，其权力将交给罗马人。

第二个条件：在亚平宁半岛和非洲之间的岛屿上，迦太基不能再保留军队，这些岛屿的控制权全部交给罗马人。

第三个条件：迦太基必须承认马西里国的国王是马西尼萨，不能做任何对马西尼萨不利的事情。

第四个条件：迦太基必须尊重昔兰尼和利比亚境内各个部落的自治权。

第五个条件：迦太基无条件释放俘虏的罗马人。

第六个条件：迦太基只能保留20艘战船，其他的战船全部交给罗马人。

第七个条件：迦太基向罗马交付50万配克的小麦，30万配克的大麦，外加5000塔连特的白银。如果迦太基接受这些条件，就派人到罗马城跟罗马元老院签署正式条约。迦太基当局为了使罗马退兵，派使者到罗马城跟罗马元老院接触，签订丧权辱国的条约。

迦太基在跟罗马谈判的时候，两国没有大的战事。汉尼拔带着剩余的军队在布鲁提翁上船，这期间没有遇到任何来自罗马的阻力。汉尼拔带着剩余的一万多名士兵，坐船到达非洲，并在莱普提斯成功上岸。上岸之后，汉尼拔汇集起马戈的部队，两股军队合兵一处，迦太基军队的数量又增加了不少。

汉尼拔上岸之后，消息马上传到了迦太基城。城中的主和派立即就受到压制，被赶出了迦太基元老院。之前，主和派跟迦太基签订的条约也被主战派全部否定。就在迦太基城中发生着惊天动地变化的时候，罗马的运输船在运输士兵的过程中搁浅在突尼斯湾海域。200艘罗马运兵船停在那里，没有任何作战能力。

迦太基城中马上就得到了这个消息，对于搁浅的战船，迦太基城中都能看得清楚。哈斯德鲁巴尔·吉斯戈看到了立功的机会，他带着52艘船去攻打搁浅的罗马运输船，很轻易地取得了胜利。许多运输船被迦太基军队俘获，运到迦太基的港口中。迦太基军队又一次取得了巨大的胜利。

大西庇阿派出使者到迦太基城中跟迦太基当局理论，并提出严重的抗议。因为汉尼拔的回来，迦太基又有了必胜的信心，再加上刚刚取得巨大的胜利，迦太基不接受罗马的抗议，大西庇阿派出的使者也差点儿被迦太基人杀死。大西庇阿见到使者后，明白迦太基和罗马之间的战斗还没有完全结束。

有了大西庇阿，罗马方面再也不担心汉尼拔了，因为罗马人拥有了自己的将军。早在汉尼拔翻越阿尔卑斯山的时候，大西庇阿就参与了跟汉尼拔的战斗。他细心地研究汉尼拔以及他的战略战术，是罗马军队中最了解汉尼拔的人。大西庇阿的细心研究也让他的指挥和作战能力有了很大的进步。

在西班牙的战争中，大西庇阿利用汉尼拔的战术取得了很大的胜利，这说明大西庇阿已经从汉尼拔的身上学到了许多可以直接运用于作战的战术。大西庇阿现在要做的就是用汉尼拔的战术去跟汉尼拔作战，胜败到底如何，他自己也没有十分把握。

汉尼拔登陆之后，带领军队到达哈德鲁梅，他在那里一边重新组织和训练军队，一边又招募了许多新士兵。公元前202年夏天，汉尼拔从努米底亚人那里招募到了2000名骑兵，又在马其顿招募了许多新兵。汉尼拔军队的数量得到了很大的补充，已经超过了40000人。

汉尼拔与大西庇阿

汉尼拔的回国给大西庇阿带来了很大的压力，他急忙向马西尼萨求助。马西尼萨带领步兵和骑兵共一万余人前去助战。大西庇阿军队的数量，这个时候已经跟汉尼拔的不相上下。夏末的时候，大西庇阿起兵前往那拉加与马西尼萨会合。汉尼拔的军队休整好了之后，转移到扎马。

扎马的位置处于迦太基城和那拉加之间，汉尼拔派出侦骑去搜集关于大西庇阿军队的情报。侦骑被罗马士兵发现带到大西庇阿的面前。大西庇阿带着汉尼拔的探子，在罗马的军营中走了一圈，然后又把他放了回来。大西庇阿的自信，让汉尼拔也感觉到自己遇到了真正的对手。

汉尼拔派了一名使者去拜见大西庇阿，并邀请他到中立区会面，大西庇阿很愉快地答应了。汉尼拔和大西庇阿见面之后，相互打量着对方，都生出了崇敬之情。两个人好像是一对老朋友说说笑笑，并不像是敌对双方的将领。

汉尼拔先向大西庇阿提出议和，并提出了一些先决条件。而大西庇阿并没有理睬汉尼拔提出的议和条件，他仍然坚持迦太基方面要先执行之前订下的条约，然后再谈其他事情。这显然跟汉尼拔意向中的和谈存在着巨大的差距。双方没有达成协议，各自回到了营地。

回到大营之后，双方都在为第二天的战役做准备。谁能取得这一次战役的胜利，持续十几年的迦太基和罗马战争，将以战胜方的胜利而宣告结束。

4. 扎马战役

在扎马地区，虽然汉尼拔跟大西庇阿的兵力大致相当，但是汉尼拔十分清楚，自己这支军队的整体作战能力跟罗马军队相比并不占据太大的优势。在某些方面，罗马军队有更强的优势，汉尼拔已经对大西庇阿的战略战术有了很清晰的了解。大西庇阿已经不是当初的那个罗马小将领，而是一个大将军。

汉尼拔意识到自己的骑兵力量跟罗马军队相比有一点儿单薄。他将兵力的重点放到中央战线上，以阻止罗马军队对其发起的猛烈进攻。汉尼拔将80头大象排在队伍的最前面，以减缓罗马军队对迦太基军队的冲击，从而缩减罗马军队的战斗力，大象后面才开始排布他的军队。

汉尼拔军中作战能力相对较强的是中线，即马戈带回来的军队和毛里塔尼亚、利古里亚等国的雇佣军，带领这样一支七拼八凑的军队并不是一件好事情。汉尼拔现在只能运用这样一支军队跟罗马军队对阵。

汉尼拔对作战能力比较弱的非洲军队和迦太基本土士兵没有抱太大的希望。他将从亚平宁半岛带回来的士兵放在队伍的最后面，作为整场战役的生力军。如果前两道防线被罗马军队突破，汉尼拔就用这支生力军保护整支队伍的两翼和后方。汉尼拔对这支队伍寄予了极大期望。

罗马军队习惯上都是按照三线队形来布置，但是大西庇阿打破了罗马人的习惯。他将自己的军队按照棋盘式去布置。这让汉尼拔十分吃惊，不知道大西庇阿到底要做什么。

大西庇阿将每两个士兵之间都拉开一定的距离。前后两队之间，一个一个的士兵都要对齐。罗马士兵就好像是位于棋盘上的许多棋子。这些空隙可以让迦太基军队的大象自由地在罗马军队中穿梭，却不会对罗马士兵造成太大的伤害。同时，罗马军队这个大的整体具有很强的作战能力。

在罗马军队的左侧是莱利乌斯率领的意大利骑兵，罗马军队的右侧是马西尼萨率领的努米底亚骑兵，这两支骑兵是两支作战经验很丰富的军队。大西庇阿将其放在军队的两侧，是为了在关键时候对迦太基军队造成突如其来的重创。双方的阵形都摆好之后，一场激烈的大战即将展开。

扎马战役

汉尼拔首先向罗马人发动进攻，一声令下之后，迦太基的大象军团扬起漫天的尘土向罗马军队冲了过去。大西庇阿早就做好了准备，汉尼拔的大象军团刚冲出迦太基的战线，罗马军队中的号兵就开始拼命地大声吹号。

一时间，在两军阵前，几百支号角一起吹响，巨大的声音将迦太基军队中的大象吓坏了。大象军团发生混乱，一部分转头向迦太基军队冲过去，一部分向旁边的空地奔去，还有一部分冲进了罗马军阵。罗马士兵一齐运动，将空隙留给大象，大象跑了一阵子后停了下来。

罗马士兵将大象赶出自己的军阵，赶向迦太基军队的军阵之中。莱利乌斯和马西尼萨没有花费太大的气力就将迦太基骑兵打败了。惊恐的大象冲向迦太基军阵，马受到惊吓，骑兵也失去了战斗力。这对汉尼拔来说，不是一个好消息。

罗马军队中的骑兵看到机会来了，马上出动，发起猛烈的进攻。运用骑兵本来是汉尼拔的优势，但是现在变成了罗马军队的强项。大西庇阿在战争中学习战争，这让他一步一步变得更强大。

大象军团败退之后，罗马人向迦太基军队发动正面的强攻。汉尼拔军中的第一战线慢慢支持不住了，在罗马军队强大的攻势之下一步一步向后退却。第二战线的迦太基军队看到挡不住罗马人的进攻，一个个都失去了战斗意志，没跟罗马人对阵就全线溃败。

惊慌中的士兵没有目的地向军阵外逃命。汉尼拔放在后面的老兵看到前面的士兵逃跑，挥动手中的武器将他们砍死在阵前。第三阵线的老兵一齐向前冲击，将罗马军队挡在了迦太基军队之前。一阵冲锋之后，罗马军队混乱起来。

看到汉尼拔的第三战线是一群战斗力很强的士兵，罗马军队有被冲破的危险，大西庇阿马上命令罗马军队重新调整队形，以应对迦太基军队的进攻。

莱利乌斯和马西尼萨击败了迦太基军阵中的骑兵，回过头来向迦太基军阵的后翼猛冲了过去。此时，重新布置好的罗马步兵向迦太基军队发动了正面的猛攻。虽然汉尼拔的第三阵线上没有一个逃兵，士兵们作战也很勇敢，但是，其数量毕竟有限，许多老兵被杀死了。

汉尼拔想尽办法去阻止罗马人的进攻，但是军队数量上的差距让汉尼拔输掉了这一场战役。汉尼拔生平第一次放弃他的军队，一路逃命到哈德鲁梅。当他回头再看他的军队时，已经只剩下他孤身一人了。扎马战役的失败是汉尼拔战争生涯的终结点，同时也使整个迦太基在对罗马的战争中彻底失败。

两个将才

如果单就军事才能上来讲，汉尼拔确实在大西庇阿之上，这点连大西庇阿自己也认同。之所以汉尼拔会有扎马战役的失败，完全是因为当时的迦太基已经没有可以和罗马相匹敌的军队。汉尼拔远征意大利的失败，跟迦太基当局的不作为有很大的关系。

罗马虽然在历次的战争中一次又一次地失败，但是罗马人并没有因此而丧失战斗意志，仍然积极地采取行动。罗马人的坚毅和战争动员能力是一般的民族所不能比拟的，而迦太基人却恰恰相反。

汉尼拔远征意大利所带领的军队大多数是雇佣军，换句话说，迦太基人不是一个擅长作战的民族。当罗马人打到迦太基本土的时候，他们没有组织起有效的抵抗，反而很轻易地被罗马人打败。即使是战神汉尼拔也不能挽救即将灭亡的迦太基。这是汉尼拔的悲哀，也是所有迦太基人的悲哀。

5. 战争的结局

在扎马战役中，汉尼拔的手中没有一支像样的军队，这是他战役失败的根本原因。迦太基人跟罗马人有很大的不同，在罗马人的生活当中，战争就是其生活必须要面对的一部分；而迦太基的军队大多数是由雇佣军组成的，迦太基人只是出一定数量的钱给雇佣士兵发军饷。

汉尼拔的远征军之所以会有很强的作战能力，除了跟汉尼拔日常的训练以及指挥有很大的关系之外，得到战争的胜利果实也是雇佣军战斗力强的原因之一。一旦迦太基面对困难的时候，雇佣军就会有许多逃跑的；当真正面对强敌的时候，雇佣军很难奋不顾身拼杀至死。

罗马军队为了保护本国的利益，也为了个人的荣誉，他们即使面对失败或者死亡也会继续去战斗。如果在战场上当了逃兵，按照罗马军队的法令会被处死。汉尼拔军队在鼎盛时期，骑兵和步兵的协同作战，曾经让许多罗马指挥官失败。只是长期没有外援，让汉尼拔的远征军消耗得太多。

在汉尼拔的强盛时期，如果大西庇阿跟他作战，根本没有胜利的可能性。汉尼拔回到非洲以后，他会受许多事情的制约，不能按照他的方式来行事。换句话说，他不可能再组织起一支超强战力的军队，扎马战役的失败是必然的。

在扎马之战中，虽然汉尼拔只有一支拼凑起来的军队，但是其中的老兵们却能表现出比罗马人更加顽强的作战能力，这要归结于汉尼拔的训练和指挥。在面对数倍于迦太基的罗马军队，老兵们仍然能将罗马军队阻挡在战线之外，丝毫也没有让罗马军队占了上风。

迦太基骑兵在整个战役之中担负起军队两翼以及机动冲击的任务。可是，迦太基本国的骑兵在面对罗马骑兵的时候竟然全部溃退，没有表现出一点儿战斗力。马西尼萨和莱利乌斯一个小小的冲锋就将他们打败，这使迦太基军队的步兵直接暴露在罗马步兵面前。

当罗马骑兵从后方向迦太基军阵发动突然袭击的时候，汉尼拔无奈地退出战斗，抛下跟他一起作战的老兵一个人逃出了战场。这是他生平第一次从战场中逃出去，也是他人生中最后一次战役。

大西庇阿是一个伟大的罗马将军，他的军事才能在跟汉尼拔的对决中展现了出来。客观上说，大西庇阿跟罗马的名将，比如马尔克卢斯以及尼禄相比并没有什么太高明的战略战术。如果换另外一个罗马将军，扎马战役也会打胜。

罗马不缺乏有战略战术的将军，之所以胜利的光环会戴在大西庇阿的头上，是因为他在战争的后期组织了对汉尼拔的作战。马尔克卢斯和尼禄，在汉尼拔兵力强盛的时候也跟汉尼拔有过接触，虽然没有取得大的胜利，但是汉尼拔并没有从他们那里占到太多便宜，他们在学习汉尼拔的战略战术时也是很有成就的。

从一定程度上讲，汉尼拔是大西庇阿的老师，也是尼禄和马尔克卢斯的老师，是罗马军队的老师。罗马军队在跟汉尼拔作战的过程中学会了许多战略和战术，这些是罗马人在以前的战争之中所没有接触过的。

战争的结局

扎马战役之后，汉尼拔逃走，大西庇阿带领罗马军队将迦太基大营攻下。营中的所有物资都被罗马军队抢劫一空。大获全胜的大西庇阿带领罗马军队回到乌提卡，去接应到达的罗马战舰以及100艘补给船，为罗马士兵补充所必需的物资给养。

罗马军队在乌提卡做了短暂的休整之后，大西庇阿准备进攻迦太基城。罗马军队兵分两路进攻迦太基城，罗马军队的主力由陆地向迦太基城进发，大西庇阿本人则乘坐罗马军舰向迦太基城进发。

大西庇阿的舰队走到半路时遇到一艘迦太基船。这一艘迦太基船用橄榄枝装饰，里面有十几个迦太基贵族来跟大西庇阿谈判。在经过短暂的沟通之后，双方决定在突尼斯进行新一轮的和谈。大西庇阿见迦太基人来和谈，就暂时放弃攻打迦太基城的计划，给他的军队充足的休整时间。

大西庇阿来到迦太基城下，带领他的罗马士兵绕着迦太基城转了几圈，一方面，大西庇阿是在向城中的迦太基人显示武力，另一方面，大西庇阿也在查看迦太基城的防务和城池。当看到坚固的迦太基城时，大西庇阿吃了一惊，如果自己硬攻迦太基城，短时间内是不可能取得胜利的，正好借和谈的时间做好相关准备。

大西庇阿和谈的计划传到罗马军中，许多人不理解，他们希望将迦太基城夷为平地，将迦太基人全部杀光，大西庇阿让他们放弃这一想法的时候，许多的人心里都很不情愿。大西庇阿对他们说，迦太基城的坚固城防，不是一朝一夕能攻下来的。没有休止的强攻，不一定能达到最终的目的，相反可能会最终导致失败。

在和谈的问题上，大西庇阿还有另外一层考虑，如果选择强势攻城，在他任期之内是很难完成的，这就相当于大西庇阿为下一任的执政官做了嫁衣，消灭迦太基的功劳跟大西庇阿就没有太大的关系了，下一任的执政官一定会成为罗马的英雄。大西庇阿不愿意看到这种结果，他想让自己成为打败迦太基的罗马英雄。

大西庇阿到达突尼斯等待迦太基和谈使者的到来。在商谈之后，大西庇阿向迦太基使者提出了六个条件。第一个条件：迦太基人可以对战前的非洲领土再次拥有控制权，但是必须保证马西尼萨王国的独立，不能再去攻打马西尼萨王国。迦太基承认马西尼萨王国的主权，并跟他建立同盟。

第二个条件：迦太基人中，所有反对罗马的人必须要交给罗马人处理。迦太基的所有大象以及能够用于作战的大船都要交给罗马，迦太基只能拥有10艘三层桨船，作为物资运输的工具。

第三个条件：迦太基不得擅自在非洲或者非洲以外的地方发动大规模战争。如果迦太基要采取军事行动，必须事先经罗马人批准。

第四个条件：在和谈期间，罗马军队的全部给养由迦太基方面提供，一直到谈判结束。

第五个条件：迦太基人要向罗马人提供100名人质，人质的具体名单要由罗马人来决定。迦太基要向罗马支付战争赔款，数量为一万塔连特，期限为50年。

第六个条件：迦太基无条件归还上次和谈期间，哈斯德鲁巴尔·吉斯戈抢劫的罗马运输船以及船上的所有物资。

大西庇阿表示，只有迦太基全部接收罗马的上述六个条件，罗马才会跟迦太基休战。迦太基当局不想接受这六条，但是汉尼拔劝说迦太基元老院必须接受这些条件，因为如果不接受，迦太基就会遭受灭顶之灾。

6. 汉尼拔的最后岁月

汉尼拔是一个军事家和战略家，他并不愿意跟罗马人讲和，但是，眼前的形势让他不得不劝迦太基当局接受罗马人的条件，暂时跟罗马人议和，等到合适的机会，迦太基可以东山再起。和谈结束之后，汉尼拔在国内基本不参加什么政治事务，他管辖着迦太基的军队，继续招兵买马，以图后事。

汉尼拔悄悄地带着军队将迦太基失去的领土一点一点收复回来。可是，迦太基国内的情况越来越糟糕，不同的派系之间为了各自的利益斗得不可开交。有钱人为了把赔款的损失找回来，拼命地压榨下层人民，贫困阶层对迦太基政府越来越不满意，筹集到的赔款很大一部分都被有钱人私吞。

在公元前199年的时候，罗马人因为迦太基支付的白银质量太差而拒绝接受。迦太基的国力已经到了崩溃的边缘。迦太基和罗马战争的失败使得迦太基沦落为一个不入流的国家，许多迦太基人将主要责任推到了汉尼拔的头上，他们认为，正因为汉尼拔远征罗马才导致了罗马人的报复。

也有很多迦太基人支持汉尼拔，他们认为汉尼拔是迦太基的英雄，如果没有汉尼拔对罗马的战争，迦太基可能早就被罗马消灭了，正是汉尼拔长达十几年的对罗马战争，才使得罗马没有机会长驱直入进攻迦太基。迦太基之所以沦落到现在这步田地，是因为有一批迦太基人不愿意作战。这些人一直在试图打压汉尼拔，这导致了汉尼拔在亚平宁半岛一直是孤军奋战最终使得迦太基跟罗马的战争打了十几年仍然没有取得胜利。

公元前196年，汉尼拔当选为迦太基的最高行政长官。迦太基的最高行政长官有两个，他们被称为苏菲特。

汉尼拔上任之后，加大力度打击贪污腐败，迦太基不用收税就可以轻松应对罗马的战争赔款。汉尼拔的行动受到了迦太基人民的拥护和爱戴。汉尼拔在施政的同时，得罪了不少迦太基贵族，那些贪官污吏大多跟贵族有着直接或者间接的关系。许多的贵族明里暗里给汉尼拔设置障碍。

这些迦太基贵族，早在汉尼拔远征亚平宁半岛的时候，就想办法阻止迦太基当局给汉尼拔提供援军和给养。这直接导致汉尼拔在亚平宁半岛的战斗打打停停，给了罗马军队足够的喘息时间。当迦太基处于危难的时候，这些贵族又为了个人的利益而轻易将国家的利益出卖给迦太基的敌人罗马。

逃亡与悲惨结局

迦太基国内的一些贵族不惜借罗马的手来达到自己打倒汉尼拔的目的。他们在迦太基制造了许多谣言，这谣言说得有鼻子有眼，说汉尼拔正在积极跟叙利亚人联系，并取得了国王安提柯三世的支持，双方准备联合起来共同对付罗马人。这种没有边际的谣言传到罗马城，立即引起了极大的恐慌。

大西庇阿这个时候已经不是罗马的执政官。他极力向罗马元老院进言，说汉尼拔根本没有这样去做，这些只是一些迦太基贵族为了打倒汉尼拔而借助罗马人之手除去他们的眼中钉。罗马元老院还是对汉尼拔不放心，终于在公元前195年派使团到达迦太基，密谋让迦太基当局立即交出汉尼拔。

为了不引起迦太基人的反对而给罗马使团带来不必要的麻烦，罗马使团对迦太基当局声称，他们这次来的目的主要是为了解决迦太基和马西尼萨的问题。汉尼拔已经意识到，罗马人这次的目的是抓住自己，将自己带回罗马由罗马元老院处置，他不能坐以待毙。汉尼拔在夜里悄悄逃出迦太基。

汉尼拔来到叙利亚投靠安提柯三世。在这以后的13年里，汉尼拔一直在外漂泊，再也没有机会回到迦太基。他只能在罗马的敌人中寻找自己的生存空间。汉尼拔做梦也没有忘记有一天要重新返回迦太基。他多次说服安提柯王朝借给他一支军队，他要带着军队通过迦太基再一次进攻意大利。

安提柯王朝认为，汉尼拔的计划是永远也不可能完成的。虽然安提柯王朝没有采纳汉尼拔的意见，但是仍然将他当成是自己的盟友，在其他方面继续给汉尼拔提供必要的支持。让他继续为跟罗马人作战寻找可能的方式和途径。

罗马人对汉尼拔的恐惧是难以抹去的。只要汉尼拔还活着，罗马人就会日夜不宁，他们总是担心汉尼拔又会带着军队打到亚平宁半岛上来。罗马人发动对叙利亚的战争，叙利亚在战争中失败，汉尼拔只好再次流亡。

这一次，汉尼拔到另外一个仇视罗马的国家比提尼亚。国王普鲁西亚斯收留了汉尼拔，并以贵宾的礼仪接待了他。罗马人又发动了对比提尼亚的战争，汉尼拔又一次流亡。公元前183年，罗马人终于打听到了汉尼拔的藏身之处。当罗马人的大军包围汉尼拔的住处冲进去的时候，汉尼拔已经服毒自尽。

汉尼拔身边的侍从口述了汉尼拔的遗言。他在临死之前说：如果罗马人对一个老头都显得十分恐惧和慌张，那么，就让我来帮助他们消除这种恐惧和慌张吧！

汉尼拔对罗马的战争是否直接导致了迦太基的灭亡，这一点史学界还存在很大的争论。但是，在长达十几年的作战中，迦太基也承受了巨大的损失，汉尼拔的兄弟全部死在了战场上；从战争的角度来说，汉尼拔在意大利的战争险些让罗马彻底灭亡，从而改变历史发展的方向。

长达十几年的战争中，罗马也遭受到极大地削弱，不管是人力上还是资源上都让罗马承受了前所未有的损失。罗马人对汉尼拔的恐惧就像其他小国恐惧罗马一样。虽然汉尼拔已经死了，但是罗马人还是不放心，他们总是在担心某一天迦太基人中又会出现第二个汉尼拔。

在恐惧与仇恨的驱使之下，罗马人对迦太基一直存着戒心。公元前149年，罗马人找借口再次对迦太基宣战，在长达3年的围城和强攻之后，迦太基城终于被罗马人攻破。公元前146年，迦太基城被罗马攻破，城中活着的人都沦为罗马的奴隶。迦太基城只剩下了一座废墟。

附录

汉尼拔生平

公元前247年，汉尼拔出生在迦太基一个不平凡的家族。汉尼拔的父亲哈米尔卡·巴卡，是迦太基人的英雄。

汉尼拔在战争中出生，在战争中成长，从小就经受着战火的锻炼，战争给了他许多的激情和思考。他将战争看作是生命的一部分，在仇恨的激发之下，汉尼拔一点点成长为迦太基斗士。9岁时，父亲命令他跪在祭坛前发誓：长大成人后，一定要成为罗马誓不两立的仇人。25岁时，年轻的汉尼拔成为迦太基驻西班牙部队的最高统帅，后率部远征亚平宁半岛，历尽艰辛征战15年。

公元前196年，汉尼拔当选为迦太基最高行政官，汉尼拔上任之后，加大力度打击贪污腐败，迦太基不用收税，就可以轻松应对罗马的战争赔款。汉尼拔的行动，受到了迦太基人民的拥护和爱戴。但与此同时，他也受到了贵族寡头们的强烈反对和陷害。他们为了打倒汉尼拔，不惜借罗马之手，来达到自己的目的。他们在迦太基制造了许多的谣言，说汉尼拔正在积极跟叙利亚人联系，并取得了国王安提柯三世的支持，双方准备联合起来共同对付罗马人。这种谣言，传到罗马城，立即引起了极大的恐慌。

罗马元老院在公元前195年，派使团到达迦太基，暗地里密谋让迦太基当局立即交出汉尼拔。当汉尼拔意识到，罗马人这一次来的目的，是为了抓住自己，带回罗马由罗马元老院处置，他连夜悄悄逃出迦太基。

在这以后的13年里，汉尼拔一直在外漂泊，再也没有机会回到迦太基。他只能在罗马的敌人中，寻找自己的生存空间。走投无路的汉尼拔来到了叙利亚，投靠安提柯三世。

罗马人对于汉尼拔的恐惧，是让人难以想象的。只要汉尼拔还活着，罗马人就会日夜不宁，总是担心有一天，汉尼拔又会带着军队打到意大利半岛上来。罗马人发动对叙利亚的战争，叙利亚在战争中失败，汉尼拔只好再一次踏上流亡之路。

汉尼拔随后到了另外一个仇视罗马的国家比提尼亚。国王普鲁西亚斯收留了汉尼拔，并以贵宾的礼仪接待了他。然而紧接着罗马人又发动了对比提尼亚的战争，汉尼拔不得不再一次流亡。公元前183年，罗马人终于打听到了汉尼拔的藏身之处。当罗马人的大军，包围了汉尼拔的住处并冲进去的时候，汉尼拔已经服毒自尽。

汉尼拔身边的侍从，口述了汉尼拔的遗言。他在临死之前说：如果罗马人对待一个老头，都显得十分地恐惧和慌张，那么，就让我来帮助他们消除这种恐惧和慌张吧！

汉尼拔年表

公元前247年，汉尼拔·巴卡出生在迦太基一个不平凡的家族，他的出生就是一个不朽的传奇。

公元前238年，汉尼拔·巴卡9岁那年，父亲哈米尔卡·巴卡将他带到祭坛前，将迦太基人对罗马人的仇恨传播给了他。汉尼拔·巴卡随着父亲哈米尔卡·巴卡赴伊比利亚作战。

公元前228年，汉尼拔回到迦太基，接受国内学校教育。

公元前224年，汉尼拔的哥哥哈斯德鲁巴尔发布命令，将汉尼拔召回伊比利亚半岛。

公元前221年，汉尼拔将城中的主力军队引诱出去，集中优势兵力拿下了阿尔泰亚。冬天，汉尼拔来到新迦太基城。

公元前220年的夏天，汉尼拔带着他的雇佣军向杜罗河北岸的瓦凯伊人的地盘打去，占据了当地重要的城市萨尔曼提卡和阿布卡拉。

公元前220年，塔古斯河战役。

公元前219年，萨贡托城战役。

公元前218年的春天，汉尼拔接到了迦太基当局的命令，正式实施他攻打罗马的计划。

公元前218年5月，汉尼拔带领步兵和骑兵八万七千余人离开新迦太基城，踏上了征服罗马的征程。

公元前218年，汉尼拔取得了特雷比亚河战役的胜利。

公元前217年，汉尼拔从波河南下，开始他攻打罗马的伟大计划。

公元前217年，汉尼拔翻越亚平宁山脉。

公元前217年，汉尼拔在罗马腹地取得了特拉西梅诺湖战役的胜利。

公元前217年，塔拉科之战。

公元前216年8月2日，坎尼战役开始。

公元前213年，汉尼拔第二次来到塔兰托，开始第二次塔兰托之战。

公元前213年，锡拉库萨之战。

公元前212年，锡拉库萨暴发瘟疫。

公元前211年的夏天，卡普陀之战的失败，使得汉尼拔在亚平宁半岛的处境比之前更加艰难。

公元前210年，西西里岛完全在罗马人的控制之下，迦太基势力完全被赶出西西里岛。

公元前206年秋天，罗马人控制了西班牙。

公元前183年，罗马人终天打听到了汉尼拔的藏身之处。汉尼拔已经服毒自尽。

公元前146年，迦太基城被罗马攻破，城中活着的人都沦为罗马的奴隶。迦太基城被毁灭，只剩下一座废墟。